人文社科
高校学术研究论著丛刊

建构主义视角下的大学英语混合式教学改革研究

林 玲 陈如琳 著

中国书籍出版社
China Book Press

图书在版编目 (CIP) 数据

建构主义视角下的大学英语混合式教学改革研究 /
林玲 , 陈如琳著 . -- 北京 : 中国书籍出版社 , 2023.6
ISBN 978-7-5068-9472-2

Ⅰ.①建… Ⅱ.①林…②陈… Ⅲ.①英语–教学改革–研究–高等学校 Ⅳ.① H319.1

中国国家版本馆 CIP 数据核字（2023）第 120351 号

建构主义视角下的大学英语混合式教学改革研究

林 玲 陈如琳 著

丛书策划	谭 鹏 武 斌
责任编辑	牛 超
责任印制	孙马飞 马 芝
封面设计	东方美迪
出版发行	中国书籍出版社
地 址	北京市丰台区三路居路 97 号（邮编：100073）
电 话	（010）52257143（总编室） （010）52257140（发行部）
电子邮箱	eo@chinabp.com.cn
经 销	全国新华书店
印 厂	三河市德贤弘印务有限公司
开 本	710 毫米 ×1000 毫米 1/16
字 数	197 千字
印 张	11.75
版 次	2023 年 9 月第 1 版
印 次	2023 年 9 月第 1 次印刷
书 号	ISBN 978-7-5068-9472-2
定 价	76.00 元

版权所有 翻印必究

目 录

第一章 建构主义与大学英语混合式教学的内涵解析 …………… 1
    第一节 建构主义理论综述…………………………………… 1
    第二节 大学英语混合式教学综述…………………………… 4
    第三节 大学英语混合式教学现状分析……………………… 10
    第四节 建构主义理论对大学英语混合式教学的启示………… 16

第二章 建构主义视角下大学英语混合式教学的具体模式………… 22
    第一节 与慕课结合的大学英语混合式教学模式……………… 22
    第二节 与微课结合的大学英语混合式教学模式……………… 30
    第三节 与翻转课堂结合的大学英语混合式教学模式………… 36

第三章 建构主义视角下大学英语混合式教学的内容创新………… 41
    第一节 大学英语词汇与语法知识的混合式教学……………… 42
    第二节 大学英语听说技能的混合式教学……………………… 55
    第三节 大学英语读写译技能的混合式教学…………………… 65
    第四节 大学英语跨文化交际的混合式教学…………………… 86

第四章 建构主义视角下大学英语教师混合式教学能力的培养…… 98
    第一节 大学英语混合式教学中大学英语教师角色的定位…… 98
    第二节 大学英语混合式教学中大学英语
           教师的专业素养构成………………………………… 100
    第三节 大学英语混合式教学中大学英语教师的专业发展… 102

第五章 建构主义视角下大学英语混合式教学的评价体系………… 119
    第一节 大学英语混合式教学评价的内容……………………… 119
    第二节 大学英语混合式教学评价的原则……………………… 123
    第三节 大学英语混合式教学动态评价体系的建设…………… 125

第六章　建构主义视角下大学英语混合式教学改革的有效策略 … **142**
　　第一节　转变课堂形态,创建智慧课堂……………………… 142
　　第二节　搭建数字化教学平台………………………………… 146
　　第三节　转变大学英语学习方式……………………………… 147
　　第四节　革新教师教学的观念………………………………… 164
参考文献………………………………………………………… **175**

第一章 建构主义与大学英语混合式教学的内涵解析

大学英语混合式教学模式将建构主义教学观的"分享""协作"和"探究"等关键词融入大学英语教学中，具有传统大学英语课堂无法比拟的优势。这一模式突破了时空的限制，打破了以教师为中心的教学传统理念，着重关注学生的主体地位，主张学生应该进行自主学习、个性化学习以及探究学习，从而不断将学到的知识内化，甚至对这些知识进行创新，以提高学生自身的语言综合运用能力。在信息化时代，改革传统的大学英语教学手段，构建建构主义背景下大学英语混合式教学意义非凡。本章作为第一章，首先来解析一下建构主义与大学英语混合式教学的内涵，并探讨建构主义对大学英语混合式教学的启示。

第一节 建构主义理论综述

一、建构主义理论

建构主义理论（Constructivism）是基于行为主义理论和认知主义理论发展起来的一种理论，有自身的发展背景与过程。

最开始提出建构主义观点的是学者皮亚杰（Piaget）。通过对儿童心理全面、系统的研究，皮亚杰（1932）指出，儿童与环境之间的作用有两个过程：一是"同化"，二是"顺应"。前者是指吸纳外部环境信息，并考虑儿童自身的认知情况，即将个体与外部刺激所提供的信息整合到个体的认知过程；后者是指随着外部环境的改变，原有的知识结构无法与新环境提供的信息相融合而引起个体认知结构的改变的过程。儿童的认知结构就是在同化与顺应过程中逐步建立起来,并在"平衡—不平衡—新的平衡"的循环中不断得以丰富和发展。

  根据这一观点可以发现,认知是一种以个体自身知识结构为基础建构起来的。在皮亚杰提出这一理论之后,一些学者又对认知结构的性质、发展条件等展开分析,并提出了很多观点和流派,如激进建构主义(Radical Constructivism)、社会建构主义(Social Constructivism)、社会建构论(Social Constructionism)、社会文化认知(Sociocultural Cognition)、信息加工建构主义(Information Processing Constructivism)和控制系统论(Cybernetic System)。关于这六种建构主义流派的理论内涵,详见表1-1。

表1-1 建构主义的主要流派及其理论内涵

主要流派	理论内涵
激进建构主义	(1)知识是由认知主体积极建构的,建构是通过新旧经验的互动实现的。 (2)认知的功能是适应,它应有助于主体对经验世界的组织。
社会建构主义	(1)将群体放在个体之前,将人与人之间的关系置于首位。 (2)个人建构的、独有的主观意义和理论只有与社会和物理世界"相适应"时,才有可能得到发展。 (3)强调意义的社会建构、学习的社会情景,强调社会互动、协作与活动等。
社会建构论	(1)将社会置于个体之上。 (2)真实性/经验是依靠对话的方法建构起来的,对话是形成新意义的心理工具,应成为关注的中心知识根本不存在于个体内部,而是属于社会的,是以文本形式呈现的,每一个人都以自己的方式解释文本的意义。
社会文化认知	(1)人的心理功能处于文化、历史和制度情景中。 (2)关注学习的社会方面,更注重对一定的社会文化背景中知识与学习的研究,并将不同的社会实践视为知识的来源。 (3)提倡在真实的情景中通过对专家活动的观察、模仿进行主动的/认知学徒式的学习。
信息加工建构主义	(1)坚持信息加工论的基本范型,但反对信息加工论中的客观主义传统。 (2)认为知识是由主体积极建构的,外来信息与已知知识之间存在双向的/反复的相互作用,但不同意知识是对经验世界的适应的观点。

续表

主要流派	理论内涵
控制系统论	（1）强调认知主体不是旁观者，而是置身于行为之中的积极主动的观察者和反省型的参与者。 （2）特别重视不同观察者之间存在复杂的互动关系，重视对包括提问方式、看与听的方式在内的各种循环过程的再认识。 （3）重视交互的、协作的学习方式。

（资料来源：钟志贤，2006）

建构主义理论是一种非常庞杂而又相对完善的认识论和学习理论，在知识观、学习观、教育观、学习环境、意义建构等方面的观点十分丰富。

二、建构主义教学模式

建构主义学习理论有三条基本原则。

第一，学习是学生主动地建构知识的过程。在学习过程中，原有的知识由于新经验的介入而发生调整和改变，因此学习并不是简单的信息积累或信息加工，它包含由于新旧经验的冲突而引发的观念转变和结构重组。学习过程是新旧经验反复的、双向的相互作用过程。由此可以推断出，学习不是一个被动吸收、反复练习和强化记忆的过程，而是一个以学生已有的知识和经验为基础，通过个体与环境相互作用主动建构意义的过程。

第二，学生以自己的方式建构对事物的理解，因为事物的意义并非完全独立于我们而存在，而是源于我们的建构。每个学生由于其发展水平和经验背景不同，都以自己的方式看待事物，即以自己的方式建构对事物的理解，学生之间的交流与合作可以使理解更加丰富和全面。

第三，学习应该是一个交流合作的互动过程。学生对问题理解的差异性，在学生的共同体中恰好构成了一种宝贵的学习资源。这些学习资源可以通过交流、讨论与合作，被共同体中的每一个成员所享用，从而促使所有学生的意义建构能力的提高。根据上述三条原则，就产生了相应的教学模式。

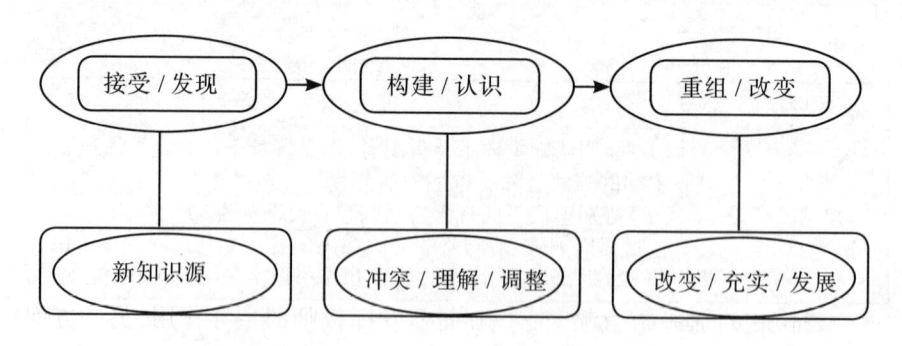

图 1-1　建构主义教学模式

（资料来源：陈坚林，2010）

建构主义教学模式可以概括为：以学生为中心，在整个教学过程中教师发挥组织者、指导者、帮助者和促进者的作用；利用情景、合作、会话等学习环境要素充分发挥学生的主动性和积极性，最终达到使学生有效地实现对当前所学知识的意义建构的目的。可见，建构主义理论为学生主动学习、主动建构知识提供了理论依据。

第二节　大学英语混合式教学综述

一、混合式教学的内涵

严格来说，Blended Learning 不是一个新的概念，blend 一词的意思是"混合"，Blended Learning 的原有意义为混合学习或结合式学习，其说法在多年之前就已存在。究竟混合的内容包括什么，学者们给出了不同的观点。

德里斯科尔（Driscoll，2002）指出，混合式教学的定义可以概括为以下四点。

（1）教学方法（如建构主义、行为主义、认知主义等）的混合。

（2）任何一种教育技术，如视听媒体（幻灯投影、录音录像）与面对面课堂教学的混合。

（3）教学与实际工作任务的混合。

（4）各种网络技术的混合（如虚拟课堂、自定步调学习、合作学习、流媒体视频等)。

近年来,随着信息技术的迅速普及,教育界开始利用该术语"混合"的内涵,但赋予其全新的意义,即与信息技术密切相关。

李克东(2004)指出,整合面对面教学与在线学习两种学习模式,以降低成本,提高效益,即混合式教学。

何克抗(2004)指出,混合式教学即将传统学习方式的优势与 E-Learning 的优势结合起来;一方面要发挥教师的主导作用,另一方面要体现学生的主体地位。该定义强调要实现两种模式的优势互补。

皮尔乔万尼(Picciano,2009)为混合式教学总结了一个更为宽泛的定义:面授课堂与技术的混合。

过于宽泛的定义,一方面无法理清混合式教学的本质,另一方面缺乏操作性。目前,学术界对于混合式教学的普遍认识是:混合式教学包括面对面学习和在线学习两个部分,是二者的结合。

二、大学英语混合式教学的优势

(一)改变传统观念

我国传统的大学英语课堂教学以教师作为中心。在教学中,学生往往是被动地学习,教师对整个课堂教学进行控制。这种教学形式不能被完全否定,也是存在可取之处的,如对知识系统的传授是较为完整的,但是其也不可否认有弊端,即忽视了学生的主体地位,忽视了学生内心的改变。因此,在培养学生独立性与创新性层面存在着明显的不足。

建构主义理论倡导"学生为主体,教师为主导"的教学理念。大学英语混合式教学就是要将学生的主体性充分发挥出来,让他们敢于创造,让学生真正成为知识的主体与建构者,而不是被动的接受者。教师应该逐渐成为课堂的指导者与组织者,引导学生对意义加以建构,而不仅仅是主宰与灌输。因此,无论对于教师还是对于学生而言,都应该改变大学英语传统的教与学观念,从以教师为中心转向以学生为中心。

大学英语混合教学模式已经不再是简单的线上与线下的教学整合,

教师在教学过程中需要充分考虑学生的多样性和需求差异性。基于在线学习数据进行分析，精准把握线上线下的时间配比，把握线上线下的教学内容分配与衔接；基于分析制订教学计划，考评学习情况。另外，"线上+线下"混合式教学模式对教师的信息素养提出了新的要求。教师不能为了使用技术而使用技术，这背离了混合式教学的理念，而要以促进学生的意义建构为混合式教学的最终目的，将传统教学与在线教学的优势相结合，使学习者由浅入深地展开学习。

（二）改进教与学的方法

大学英语混合式教学应该逐渐改变教与学的方法。也就是说，大学英语教师并不是知识传授的唯一渠道，教师应该引导学生突破课本的限制，运用信息技术，进行自主探索、自主学习，实现资源的有效共享。教师应该将学生带入计算机构建的探索空间，使他们的英语知识获取渠道更为广阔。这就要求教师的教需要做如下改变。

第一，在课堂教学层面，从原本的以课本为主导的教学转变成帮助学生探寻、收集学习资源的教学。第二，在教学组织层面，从原本的以教师作为中心转变成教师帮助学生展开深层次的思考，引导学生设计符合自己学习的任务。第三，在教学设计上，从原本地对教学内容的注重转变成对教学过程、教学模式的注重，并深层次开发与利用教学资源。第四，在教学评价上，从原本强调对学生学习结果的终结性评价转向对学习过程的形成性评价。

根据建构主义理论，教师不只是知识的掌握者、传递者，而是知识的学习引导者和共同参与者。因此，在大学英语教学中，教师应转变角色观念，主动提升信息技术与学科创新融合的新时代教学技能，在课堂上，悉心观察学生的学习情况，对学生出现的疑难问题进行帮助与引导。如此一来，教师成为"放风筝的人"，学生则是风筝，无论风筝怎么飘，教师都要攥紧手里的"线"。教师运用一些先进的技术，可以创设情境，让传统的大学英语教学课堂与在线学习平台相对接，实现理论知识的讲述与平台实践相结合，教与学的有效结合，同时提升了学生的理论知识和实践水平。

可见，在大学英语混合式教学中，学生的学习并不能完全对教师与课本产生依赖，而是应该学会运用网络技术平台，教师与学生之间进行

第一章 建构主义与大学英语混合式教学的内涵解析

互助式的学习,并运用信息技术对信息加以收集与探究。因此,在信息技术环境下,学生需要掌握如下几点。

第一,学会运用信息技术资源展开自主学习。

第二,学会运用信息技术进行交流与协作。

第三,学会在数字化情境中展开自主学习。

第四,学会运用信息加工工具展开创新学习。

建构主义理论要求学习者必须在一定的情景中,利用相应的学习资料,借助别人的帮助,采用意义建构的方式获得。"线上+线下"的混合式大学英语学习环境,重塑了传统的英语教学环境,创设了生动、真切的大学英语语言教学环境。在该环境中,学生身临其境英语语言环境,熟练地调用已经掌握的语言知识,解决相应的问题。传统的教学包括了课前、课中、课后的环节,学生的学习主要靠课中,课前、课后的学习时长明显低于课堂,教师也难以监督其效果。"线上+线下"的混合式大学英语学习环境颠覆了传统的教学模式,融入了多种类型的现代化信息技术手段,将教学环节划分为线上、线下,两者的学习时长可以根据不同学习单元、不同难易程度的学习任务划分。传统教学环节迁移到"线上+线下"的混合教学环节,线下教学以线上教学内容为基础,重在答疑解惑;线上教学以线下教学内容为牵引驱动,重在系统学习。课前课后均可以采用线上教学的方式,打破传统教学的限制。

(三)提高教与学的效率

教师展开大学英语混合式教学,其教学效果会发生如下几点改变。

第一,在大学英语混合式教学中,教师通过信息技术资源的共享,可以提高自己的教学效率。众所周知,信息技术的内容非常广泛,信息更新也非常及时,运用信息技术展开教学,很多教学资源也都经过优化,能够让大家共享,这就使得原有的课程内容被无限放大,便于提升教与学的效率。另外,大学英语教学的很多场景都可以通过网络进行设计,这可以为学生提供语言学习的环境。显然,这些在传统的教学中是不存在的,传统的教学无法设计语言操练的场景,但是大学英语混合式教学就可以做到,学生可以随时运用丰富的教学资源来展开自主学习,这必然会提升教与学的效率。

第二,在大学英语混合式教学中,网络超级强大的功能有助于提升教与学的效率。在信息技术环境下,网络成为大学英语混合式教学常规的手段与工具,并在每一位教师、每一堂课中渗透,逐渐成为一种常态化的手段。因此,计算机并不再是一种辅助教学的工具,而逐渐成为大学英语混合式教学的一部分。也就是说,计算机除了演示功能外,还可以发挥其他功能,如激励学生学习、师生之间交流、运用个别辅导软件进行辅导、运用语言测试系统进行测试等。这些都是计算机的强大的功能,在这些功能下,学生学习的积极性也会提升,当然可以改善之前"费时低效"的学习状态,促进教与学效率的提升。

(四)整合教学资源

在大学英语混合式教学中,各种相关的资源被引入其中。对于大学英语混合式教学而言,教学资源是什么呢?美国教育技术与传播协会(AECT)指出,教学资源即帮助人们展开操作、实现有效教学的所有东西。但是对于大学英语混合式教学而言,教学资源涉及与教学相关的人力、物力等。一般认为,学习资源涉及如下几类。

第一,根据学习资源的来源,可以划分为设计资源与可利用资源。前者指的是从教学目的出发而准备的资源,如教材、教室等;后者指的是用于为教学服务的资源,如教学软件、百科全书、网络信息资源等。

第二,根据教学资源的表现形态,可以划分为硬件资源与软件资源。前者指的是在教学过程中需要的场所、设施等设备;后者指的是媒体化的学习资料等软件。

第三,根据教学资源所涉及的人与物,可以将其划分为人力资源与非人力资源。前者指的是同学、教师、学习小组等,甚至一些可以通过网络展开交流的人员。后者指的是教学信息、学习媒体等。

从目前我国的大学英语混合式教学来说,各方面资源都较为短缺,这就需要改变传统的教学方法,利用现代信息技术整合现有的教学资源,满足大学英语教学的要求。

三、信息化背景下大学英语混合式教学的步骤

(一)课前阶段

在大学英语混合式教学中,教师在授课之前要针对具体的教学内容和学生的学习情况选择切合的课程资源,并且结合实际情况设计能够培养学生自主学习能力的学习任务,以充分利用教材和网络课程资源。例如,"朗文交互学习平台""新理念外语网络教学平台"等都是可使实现师生交互的移动网络平台。通过这些平台,教师可以将教材中所涉及的学习计划、学习目标、学习重点、学习难点、学习主题等相应的预习内容和学习任务等,及时发到学生手中,学生可以根据任务的要求通过不同的方式,如个人独立思考、小组讨论等,有效地获取知识背景,高效地完成预习任务,而且在这一过程中,自主学习能力也会相应地提高。在这一阶段,教师可以利用自主式的学习平台,充分实现师生之间的互动,为学生提供有效的在线咨询,为学生答疑解惑,向学生提供有针对性的辅导和帮助,进而切实提高学生的自主探究精神和自主学习能力。

(二)课堂阶段

混合式教学即线上线下混合式教学,所谓线下,也就是课堂上的面授。在这一阶段,主要是通过大学英语的课堂教学平台和自主学习平台的相互融合,展开具有针对性的多媒体辅助教学。

首先,教师根据学生对课前预习的完成情况进行检查和分析,重点指出相关问题。

其次,运用多媒体创设富有情境化的教学内容,进一步提出问题,引发学生积极思考,进一步激发学生的探究意识。

再次,教师结合教学实际情况和单元主题,设计相应的学习任务,鼓励学生积极讨论,也可以通过情景对话、角色扮演等方式,激发学生参与的积极性,促使学生主动参与课堂教学活动。

最后,教师鼓励和引导学生进行总结和反思,可以让学生进行自评或学生之间进行互评,进而总结学习内容,激发学生的学习动机和自主

探究精神,巩固学习知识,同时提升协作互助意识和英语应用能力。

（三）课后阶段

在课后阶段,教师可以通过混合式教学模式进一步补充相应的学习材料,有效拓宽学生的视野,加深学生对所学知识的理解和掌握程度。在课后,学生也可以利用网络平台寻找相应的复习资料,进一步加深学习效果,增加练习的时间,扩大知识范围,更好地完成相应的学习任务。课后巩固延伸了课堂教学的空间,能够显著培养学生的自主学习能力,也能够为学生养成良好的终身学习习惯打好基础。

第三节 大学英语混合式教学现状分析

一、教师教学现状

混合式教学的开展与教师的教学思想和方法是分不开的。信息技术应用于课堂,不仅仅要求教师掌握信息技术基本技能,更重要的是要改变原有的教学观点和思想。改变传统的教学模式思想,提高教师的教学理论素养,向现代教学模式中的教师角色转型,树立新型教师角色。

教师应该认真钻研课程内容,明确课程开发的意图及局部和整体的联系。教师只有在熟练掌握教材内容的基础上,才会有多余的精力去考虑学生的各种情感和心理需求,最终使学生在情感需求处于良性状态时获得最佳的学习效果。教师必须能够随机应变并熟练驾驭各种信息技术。同时,教师应认真钻研和领悟课程内容,内容是整个大学英语教学的灵魂。具体来说,可以从如下几点分析。

（一）线上和线下教学活动设计不规范

混合式教学是要把传统线下教学的优势和线上教学的优势结合起来,线下注重精细化和深度,线上注重综合化和广度。实际上,大多数大学英语教师并没有深入分析线下教学和线上教学的优势,缺乏变革意识，没有做到对两种形式取长补短、相互补充，线上和线下教学活动彼此呼应性不足，线上教学经常出现简单重复线下内容的现象。

与传统教学不同，混合式教学不仅要考虑线下教学活动的安排，也要明确线上教学的内容，要求教师充分利用线上教学和线下教学优势，合理设计教学活动。当前，一些教师从重新组织教学内容的倾向度而言，完全不会主动调整教学内容，而是忠实地执行教材内容，且大部分教师不愿意去重新安排教学内容，共性教学内容的个性化安排较差。

混合式教学活动设计通常以传统教学设计为蓝本，没有明确线上和线下教学形式的特点和规律，部分教师凭感觉或难易程度分配教学活动，没有全面分析学生的学习能力和学习需求，活动设计缺乏科学性。目前，混合式教学没有一个经过实践检验完全可行的教学过程模式供教师参考，很多教师在探索的过程中不断试错，导致线上和线下教学活动混乱，出现教师把线下教学内容直接搬到线上进行的现象。

（二）教学方法拘束于知识讲授

教学方法具有多样性和灵活性，教学方法的选择影响混合式教学的实施质量。混合式教学要求综合多种形式的教学方法，把线上教学和线下教学的优势结合起来，针对不同的教学任务和教学情境，采取适合的教学方法，充分发挥学生主体的自主性、能动性和创造性。

目前，混合式教学在大学英语的教学方法方面主要存在以下问题：一是教学方法单一，以教师讲授为主，注重系统知识的讲解、练习与记忆，学生缺乏探究学习和合作学习的机会；二是教学方法浅表化，没有充分挖掘技术在教学中的作用，基本上是利用 PPT 的展示功能，信息化媒体应用较少。

（三）基础设施的延伸度低

基础教学设施指混合式教学所需的硬件设施和软件设置。近些年，学校加大在基础教学设施和媒介建设上的投入，从教师电脑的更新到教室设施的换代，致力于打造智慧校园，然而教学并没有实现跨越式发展。在现实的大学英语混合式教学中，教学媒介并没有使人的感官功能或思维功能得到有效延伸。

问题一是信息化教学所需的硬件和软件设施不够健全,如欠缺在线教学平台、网络、平板等较为先进的技术和软件,学生缺乏自主学习的网络平台,从根本上阻碍了学生的个性化自我延伸。

问题二是现行基础设施的应用环境不足,部分教师只会使用PPT课件,几乎不使用其他技术。有教师提到,学校的现代化设施很先进,但是教师群体会用的寥寥无几。也有教师表示,在网络上参加的先进的技术培训和现实的信息环境之间存在较大差异,学用分离是阻碍混合式教学发展的主要原因。

为了追求信息化教学目标,许多教师为了体现技术的形式而使用技术,追求给教学过程带来新意,但并没有帮助达成教学目标。这实际上是一种资源浪费,教学效果并没有得到有效提升。

(五)教学评价缺乏数据支撑

教学评价是教学活动开展的导向和矫正。教师应充分了解教学过程的各种数据信息,从而建立起科学的"反馈—矫正"程序,并及时给予学生补偿性地矫正学习机会,这才是有效的评价活动。[1] 当前,一些教师在教学反思与评价方面持有积极态度和及时调整策略,能够根据学生变量及时调整教学过程变量,基于课堂行为信息、知识基础状况、成长档案、试卷等活动数据,针对学生的学习过程和学习结果,进行全方位的教学反思。但大多数教学评价是基于对学生直观认知表现的分析,偏于经验分析和定性分析,数字化评价水平较低。有教师表示,教师很难获取具体到每个学生学习过程的数据,不利于形成准确的课堂教学诊断评价,无法精准把握学习情况,因此无法做出更具个性化、针对性的教学评价。

---

[1] 万力勇,黄志芳,黄焕.大数据驱动的精准教学:操作框架与实施路径[J].现代教育技术,2019,29(1):31-37.

二、学生学习现状

(一)学生的自主学习现状

1. 学生缺乏自主学习的内在动力

大学生缺乏学习英语的内在学习动力,分为三个方面来详细说明。

第一,由于大学生群体的多样性和个性特征,这就产生了多样化的学习动机,每个大学生都有着各自不同的学习目标和学习动机。例如,有的大学生想要通过英语学习来增加自身优势,找到一份好工作;有的大学生想要提高自身的英语技能以及职业素养;也有的人是想开阔自己的视野,学到更为广阔的知识;还有的大学生是想通过学习而获得家人或者教师的好评价。对于自主学习尤其是混合式学习背景下的自主学习,大学生进行学习尤其是网络学习时,由于其外部监控的不足,大学生对待课程不认真。

第二,浓厚的学习兴趣可以促进大学生积极主动的学习,有利于学生在学习过程中克服难题,取得理想的学习结果。但是当前的大学生由于学习兴趣低,对学习内容不感兴趣。在大学英语课堂中,课堂人数多,集体大班制的授课形式,教师无法照顾到每一位学生,教师的教学方式大多是讲授为主,辅以多媒体课件。学生在这样的学习情境下,被动地接受知识,没有主动学习的兴趣,学习情绪不高,缺乏学习兴趣。学生对所学习的课程不感兴趣,这样就会产生一系列的问题。学习兴趣不高,就会对学习产生厌倦感。此外,大学生被动地接受知识,没有自己的思考和自我建构,因而不能将知识学以致用。学习兴趣能够使学习有着明确的方向,对于取得理想的学习效果非常重要。

第三,学习态度是后天接受的教育、所处的环境以及个体自身的努力等所种因素共同作用的结果。中学时期的学生由于学习明标非常确定,即努力学习考入重点高校,这使得他们的学习态度非常端正。大学生经过压力大的高中学习时期,步入大学,心理上就会对自身放松。此外,大学生的学习环境相对自由,教师和家长的监管没有像中小学时期那样严格。

一部分大学生会认为,考上了大学,学习的任务就完成了,因而思想散漫,没有明确的学习目标和学习动力。在学习过程中,没有明确的学习目标和学习动机对于学生的学习是极其不利的。适当的学习动机和学习目标会促进学生的学习,但是,当下大学生的学习缺乏内在学习动力。因此,在混合式情景下,如何让大学生的自主学习更加具有内在动力,提高学习效率,帮助大学生取得理想的学习效果,是急需解决的问题。

2. 学生缺乏自主学习的意志力

学生自制力具有差异,学习情感容易受外界的操控,此外,学习意志力差,阻碍了自主学习意识的建立。有的大学生在线上学习时,没有坚持学习完课程而中途放弃了。在混合式学习背景下,大学生自主学习存在不连续性,不能持之以恒地坚持学习。大学生开展学习活动时,要持之以恒,坚持完成学习任务。

首先,要根据自身的需要制定自己的学习目标。

其次,要制订适合自己的学习计划,养成良好的学习习惯,可以根据自己的实际情况适时调整学习计划。

最后,要不折不扣地按质按量完成学习内容,并及时总结反思。

大学生在自主学习过程中的时间安排,学习计划的执行力度不够。在学习过程中要有系统规划,不能一时兴起就学一会,半途而废。大学生在学习过程中应该要严格实行学习计划,并且要对学习过程中出现的问题进行归因,积极主动地去解决问题,而不是一遇到问题就退缩和不敢直面学习困难。

3. 学生自主学习缺乏完善的评价与反馈机制

完善的评价与反馈机制,无论是对大学生学习还是教师教学而言都是非常重要的。完善的评价与反馈机制,一方面,能够让大学生自己知道具体哪些知识掌握不到位,能够为下一次的学习活动提供充分的准备。另一方面,教师能够及时掌握学生的学习情况和学习动态,有助于教师给学生提供有针对性的指导和帮助。

在混合式学习背景下,学校应当为大学生自主学习提供一个稳定的"教—学—评"学习平台和评价反馈机制。学习者便可以根据反馈系统的意见及时调整自己的学习方法和今后的学习计划,从而使学生更好地完成自主学习任务。学生的学习过程和学习成绩需要教师进行评价,教师需要掌握学生的学习动态。当前,自主学习方式已经实行,但是针对大学生自主学习的反馈与评价机制却没有。大学生处于混合式学习背景下,使用的反馈与评价机制却还是传统课堂学习模式下的反馈与评价机制。没有相应的反馈与评价机制,大学生的学习情况得不到准确和有效的反馈与评价,就会影响下一阶段的学习效果以及积极性。

(二)学生的深度学习现状

1. 深度学习认知不足

学习知识时自己的理解是否可以和别的学生进行交流,学习新知识后能不能联系以往学过的知识进行深层次学习,这些都是影响深度学习的因素。目前来看,学习成绩比较好的学生深度学习能力也较好,且在深度学习能力上表现主动性强、学习意愿较高。

2. 学习能力和方式不恰当

高校学生是否使用网络来搜索信息,网络上的网课进行学习,还有用网络工具来记录学习进度问题等因素都是学习能力和方式主要调查的方向。现在的学生都可以通过网络来快速获取大量的学习资源和信息,学习和生活已经和网络分不开了。但是目前大多数学校的教育方式还是传统的授课模式,完成教师布置的纸质作业或者电子作业,当前大部分学生还是以这样的模式学习,信息化教学虽然被引入了学校教学中,但是使用网络来获得学习资源进行学习概率不高,深度学习无法进行。大部分的网络时间都被学生用在了看视频、新闻、玩游戏等。还有的学生在网络上搜索学习资源的时候并不能得到准确的信息,这也说明学生网络搜索能力薄弱及获取准确信息的能力匮乏。

3. 信息素养能力缺乏

这主要考查学生能不能在网上搜索信息遇到问题时及时调整搜索方法和灵活改变策略,新的观点是否用实践或者观察实验的方式验证,连贯的建构性理论是不是能用工具组织零散的内容来形成,有意识地在搜索信息时进行有效甄别。当前,很多高校学生存在无方法学习、不主动学习等问题。有些学生完全不知道怎么使用网络中的学习工具,也有的学生知道并且想在网络上保存下载学习资源来学习,但是搜索到的学习资源都没有价值,甄别数据能力较弱。不知道的学生不使用,知道的学生不会用,较少学生可以将搜索到的信息内化为自己的知识。

第四节 建构主义理论对大学英语混合式教学的启示

传统的教学模式只是将部分成绩优异的学生的积极性调动起来,而那些基础本身差的学生,往往跟不上教师的节奏,课后又疲于复习,导致教学出现了"两极化"的局面。混合式教学则将新知识讲解转移到线上,学生在课下运用计算机、手机等设备进行学习,自己确定学习的时间和次数,当遇到困难的时候,可以线上寻求解答与帮助,直到他们解决问题,掌握知识。混合式教学能够弥补传统教学的不足,对学生的个性化差异予以关注,实现规模化教学与个性化学习的二者统一与融合。

为了让大学英语教学取得更好的结果,根据建构主义理论,不断重构知识与学习观,设计了建构主义理论下大学英语教学的方法,具体如图1-2所示。

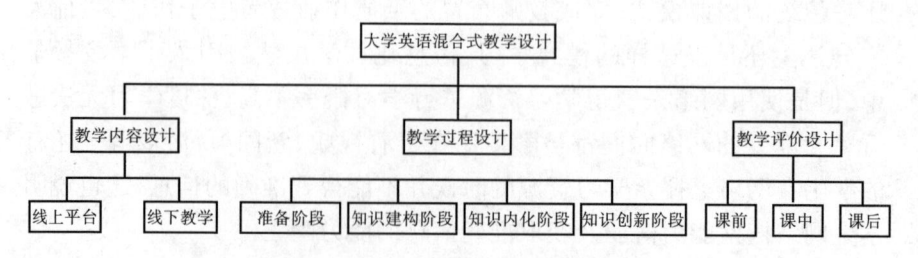

图1-2 大学英语混合式教学模式设计

第一章　建构主义与大学英语混合式教学的内涵解析

一、立体化教学内容设计

英语学习需要大量的可理解性输入,如阅读、听力等,在较低的情感障碍与较低的真实语言环境下完成。在信息化背景下,学生的语言输入不能仅限在课本之上,还需要大量的网络学习资源。利用网络,教师可以为学生创设真实的语言学习环境,并且线上平台还可以减轻学生的学习焦虑,因此大学英语混合式教学内容的设计如图1-3所示。

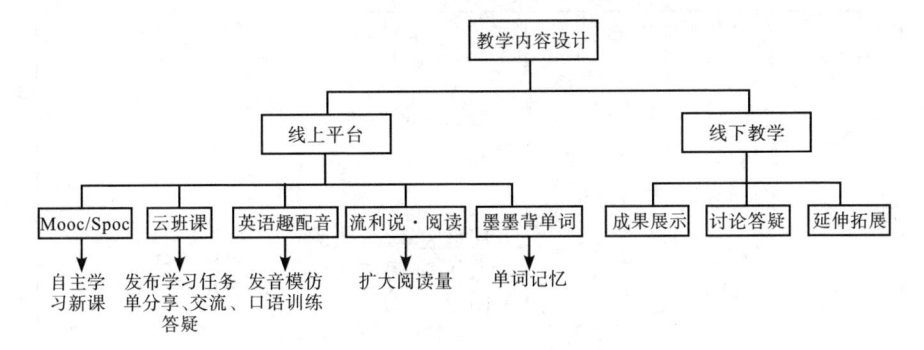

```
                    教学内容设计
              ┌──────────┴──────────┐
           线上平台                线下教学
    ┌────┬────┬────┬────┐    ┌────┬────┬────┐
 Mooc/Spoc 云班课 英语趣配音 流利说·阅读 墨墨背单词  成果展示 讨论答疑 延伸拓展
   自主学  发布学习任  发音模仿  扩大阅读量  单词记忆
   习新课  单分享、交流、 口语训练
         答疑
```

图1-3　大学英语混合式教学内容设计

线上教学内容设计主要依靠的是网络平台。首先,教师在MOOC/SPOC教学平台上上传与本单元课程相关的视频、课件等,并在云班课App上发布任务单。其次,云班课App将任务发送给学生,学生在MOOC/SPOC教学平台上进行自主学习,完成任务单,并思考学习中遇到的一些问题。然后,学生将根据学习内容完成作品并上传到云班课App上。最后,学生与学生之间展开交流,教师也可以为他们答疑解惑。

线下教学内容设计与翻转课堂教学模式存在一致性,即包括成果展示、讨论答疑、课堂延伸三个部分。其中,成果展示即学生在课前通过自主学习,独立或者与同伴合作完成学习任务,在这一过程中,学生的学习积极性与主观能动性能够被调动起来。在课堂展示汇报阶段,不仅可以对学生的学习成果进行检验,还可以让学生深化自身的学习内容。当然,可以将学生分成几组,引导学生分析和讨论课前学习的内容,最后派代表进行结果汇总。这一过程中的交流协作不仅锻炼了学生的语言表达能力,还提升了学生解决问题的能力。之后,教师点评学生的学习情况和讨论情况,并布置下一堂课的任务和内容,对教学内容进行延伸。在这一过程中,学生不断学会对知识的迁移与应用,开阔学习的视野,增强学习的自信心。

二、科学的教学过程设计

教学过程设计与建构主义的三级知识结构理念相符,具体来说,整个教学过程设计可以划分为如表1-2所示的几个阶段。

表1-2 教学过程设计阶段

	教师活动	学生活动	教学平台
准备阶段	充分备课,上传视频、课件等教学资源	积极参与教师的讨论话题	MOOC/SPOC平台
	与学生互动交流,营造良好的学习氛围		云班课App
知识建构阶段	发布学习任务单,请学生完成自学	开展自主学习,完成学习任务,思考遇到的问题	云班课App MOOC/SPOC平台
	在后台查看上传的配音作品,掌握学生的学习情况	进行配音练习上传配音视频至班级小组群	英语趣配音App
	答疑解惑,帮助学生解决问题	提交自学反馈,向教师提出遇到的问题	云班课App
知识内化阶段	展示有代表性的配音视频,将班级学生进行分组	观看展示的视频	多媒体平台
	引导学生分组交流讨论、分析评价	互相交流、分析评价,派代表汇总讨论结果	
	归纳汇总,给予点评、总结、提升	对教师的总结进行思考	
知识创新阶段	与外教视频连线,请学生与外教进行情景模拟对话	与外教视频连线,进行口语情景演练	TutorABC App视频连线
	请外教点评,讲授与主题相关的地道口语表达和禁忌	反思并改进,学习外语的创造性运用	TutorABC App视频连线

第一章　建构主义与大学英语混合式教学的内涵解析

续表

	教师活动	学生活动	教学平台
	请学生在课后合作拍摄相关主题的微电影（时长不超过三分钟）	合作完成微电影的拍摄和制作，上传平台	云班课 App

（一）准备阶段

在准备阶段，主要涉及分析学生的英语学习情况，明确大学英语混合式教学的内容与目标，制订大学英语混合式教学计划，并营造良好的大学英语混合式教学氛围。教师应该从课程标准出发，确立教学的知识、能力以及素质目标，明确大学英语教学中的重点与难点，从学生的学习需求考虑，设计详细的教学流程，并与学生展开积极的交流，了解学生的思想，为学生营造一个轻松的学习氛围。

（二）知识建构阶段

在这一阶段，学生通过 MOOC/SPOC 等平台展开自主学习、探究学习，从而获取新知识，并利用新知识展开实践。例如，利用英语趣配音App，教师可以引导学生为相关主题的短视频进行配音，建立一级知识结构，同时学生将自主学习中遇到的问题通过云班课 App 上传，与其他同学展开讨论，向教师提问，让教师帮忙答疑解惑，从而加深自己对这部分知识的理解。

（三）知识内化阶段

在这一阶段，教师引导学生进行主动思考与协作探究，让学生学会发现问题，进而学会解决问题。教师要在学生小组汇报结束之后进行总结归纳，给予他们评价与总结，让学生在自身的参与中进行深化学习，实现知识的内化，从而构建二级知识结构。

（四）知识创新阶段

在这一阶段，大学英语教师要不断培养学生的创造性思维，引导学生运用所学知识解决自身遇到的一些问题。例如，让学生与外教进行视频，进行口语实战演练，提高学生的口语交际能力。通过外教的评价，引导学生了解自己的口语水平，进行不断反思，从而完善自己的口语学习效果。同时，与其他同伴合作拍摄与主题相关的微电影，实现知识的创造性应用，建构三级知识结构。

三、构建多元化评价体系

教学评价是大学英语混合式教学的一个重要环节，可以从整体上对教学活动进行调控，确保大学英语混合式教学目标的实现。评价手段的科学与否直接关系着教学目标的实现。教师应该将教学评价融入教学的整个过程中，在课程的不同阶段采用不同的评价手段，也就是课前有课前的评价、课中有课中的评价、课后有课后的评价，这样既能够为学生提供不同阶段的诊断反馈，也能帮助学生掌握自身的学习情况，便于他们合理地对自己的英语学习进行调整与改进。

（一）课前在线评价和学生自评

课前教学评价包含两部分：一是在线评价，二是学生自评。例如，通过 MOOC/SPOC 平台，大学英语教师可以随时记录学生的视频观看情况，如学生观看视频的时间和进度。教师可以从 App 的后台检查与监督学生的自学情况，查看在线测试的结果，了解学生学习的效果以及存在的学习问题，为后续教学提供重要的参考。

（二）课中形成性评价和学生互评

课中阶段的评价属于一种形成性评价手段，主要包括对学生课堂参与情况、交流与谈论情况、合作与探究情况等方面表现出的能力的评价。在课堂上，教师会给学生布置一些任务，往往需要分组完成，教师通

第一章　建构主义与大学英语混合式教学的内涵解析

过对小组任务实施与完成情况的观察，评价学生的课堂参与情况，针对那些没有积极参与任务的学生，了解他们未参与的原因，并有针对性地对这些学生展开指导，鼓励这部分学生积极参与到任务中。

（三）课后综合性评价和教师评价

　　课后阶段的教学评价主要是综合性的教学评价以及对教师的评价。
　　首先，教师可以根据本次发布的在线试题来测试学生，检测学生的学习效果。
　　其次，教师梳理学生在课前、课中遇到的问题，并总结测试中学生的问题，进行教学反思，对自己的教学行为进行调整与完善，以使得自己的教学效果更加有效。
　　再次，教师可以让学生合作拍摄一些与单元主题相关的微电影，从而对学生的语言应用能力进行综合性评价。
　　最后，由全班进行投票，展现教学评价的公正性与客观性，也有助于增强学生英语学习的信心。
　　建构主义理论强调"以学生为中心"，要求学生从被动接受者转变为知识的主动建构者，从外部刺激和知识灌输转变为信息加工、知识建构，从被动的观众转变为主动的学习者；要求教师从知识的传授者转变为学生知识主动构建的帮助者、促进者，从唱独角戏的知识灌输者转变为传道授业解惑者。而这一理念正好与大学英语混合式教学理念相契合。因此，本章首先对建构主义与大学英语混合式教学的内涵进行解析，分析大学英语混合式教学的现状，进而探讨建构主义理论对大学英语混合式教学的启示，以更好地建构大学英语混合式教学的理论基础。

第二章 建构主义视角下大学英语混合式教学的具体模式

建构主义理论认为,要从个人兴趣与需要出发来选择学习内容,构建个性化知识结构。面对当前知识碎片化的挑战,建构主义理论主张通过分享与交流、整合与重构等手段,实现知识的创新与获取,这与大学英语混合式教学的理念不谋而合。在信息化时代,面对海量的英语学习资源,单一的模式显然很难适应学生的需要,混合式教学应运而生。混合式教学是将线上教学与线下教学结合起来,二者相得益彰,不仅发挥了教师的引导,还突破了时空限制,将学生的学习自主性体现出来。本章具体分析建构主义视角下大学英语混合式教学的具体模式。

第一节 与慕课结合的大学英语混合式教学模式

一、慕课教学的内涵

(一)慕课教学的定义与特点

慕课(MOOC),英文 Massive Open Online Courses 的缩写,意思是"大规模开放在线课程",慕课是远程教育的最新发展,本质是在线教育,核心要素包括大规模、开放、在线、课程。慕课作为信息化时代的产物,在一定程度上契合了当代教育发展的新模式。

第二章 建构主义视角下大学英语混合式教学的具体模式

与传统课程相比,慕课课程有图2-1所示的优势。

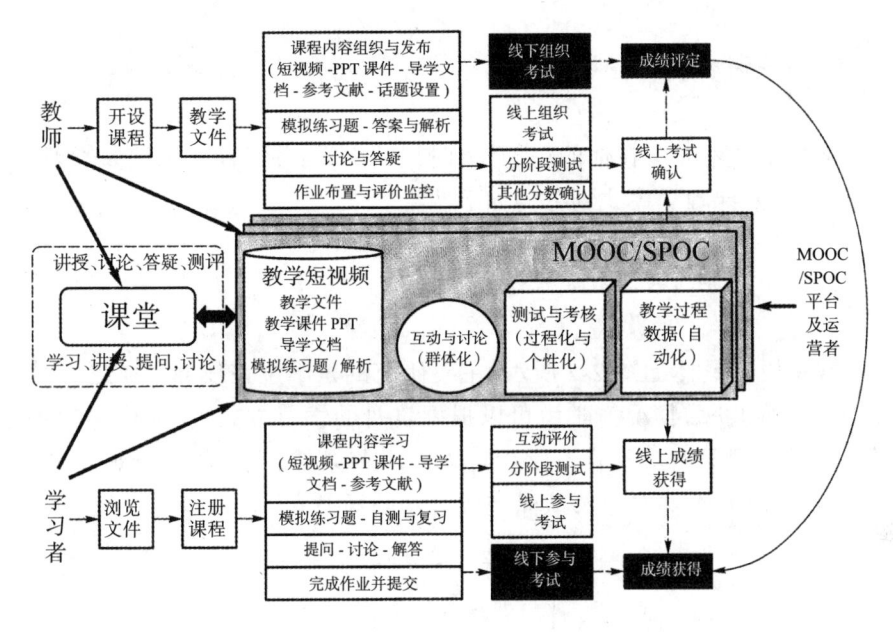

图 2-1 慕课教学与传统课堂的比较

(资料来源:战德臣等,2018)

基于互联网而产生的慕课教学方法具有以下特征。

(1)规模化。大规模的慕课课程被发送到网上后,学生自主灵活地对自己的学习时间做出安排,学习空间也不受限制,在什么地方都能学习。可见,慕课不像传统教学那样有时间和空间的限制,打破这一限制后,慕课的规模和自由度都有了显著的提升。

(2)开放性。全球各个国家、民族的人只要具备互联网条件,都能够利用优质的网上课程进行学习。网上课程具有开放性,面向的是所有人。

(3)灵活性。慕课虽然本质上也是线上课程,是在线教育的一种,但是其不同于从校本课程移植而来的传统网络课程。后者对学科的逻辑性、专业性、系统性都着重强调,而且参考课堂教学方式录制时间较长的教学视频,和传统教学的区别只是一个是线下,一个是线上,其他基本没有明显的差异。相对来说,慕课就开放多了,这从课程内容、课程形式中都能体现出来,慕课的内容对学科、专业没有绝对的限制与规定,而与学生的实际需求及现实生活更为贴近,更强调课程内容的普遍适用性和综合性，强调师生的线上互动以及学生主动学习。

（二）慕课教学的分类

著名学者蔡先金在他的《大数据时代的大学：e 课程 e 教学 e 管理》一书中，将慕课教学模式划分为如下两类。

1. 基于任务的慕课教学模式

这一模式具体如图 2-2 所示，主要研究的是学生在任务完成之后对知识、能力的获取情况。学生可以根据自身的学习方式来学习，这就使得学生的学习具有灵活性。学生可以对一些录像、文本等进行观看，也可以共享其他学生的成果，从而完成自身的任务。

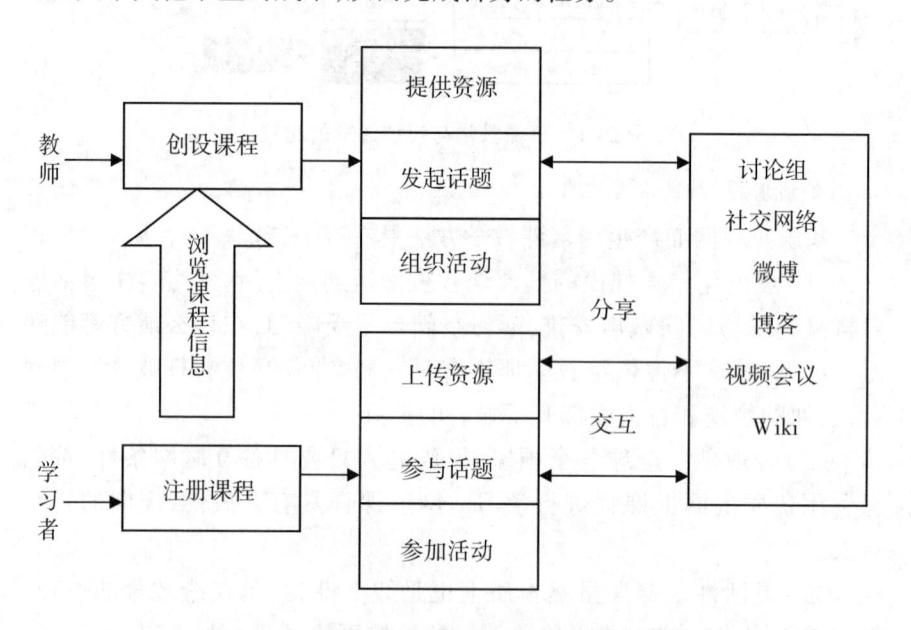

图 2-2　基于任务的慕课课程设计开发模式

（资料来源：蔡先金等，2015）

2. 基于内容的慕课教学模式

这一模式如图 2-3 所示，主要侧重于考查学生对内容是否可以掌握清楚，一般会通过总结性评价、形成性评价等手段来评估学生的学习成果。当前，其非常注重研究学习社区的相关内容。在这一模式中，很多名校视频也包含在内，并设置了专业的用于测试的平台，学生在这一平台可以免费学习，并可以取得相应的证书。

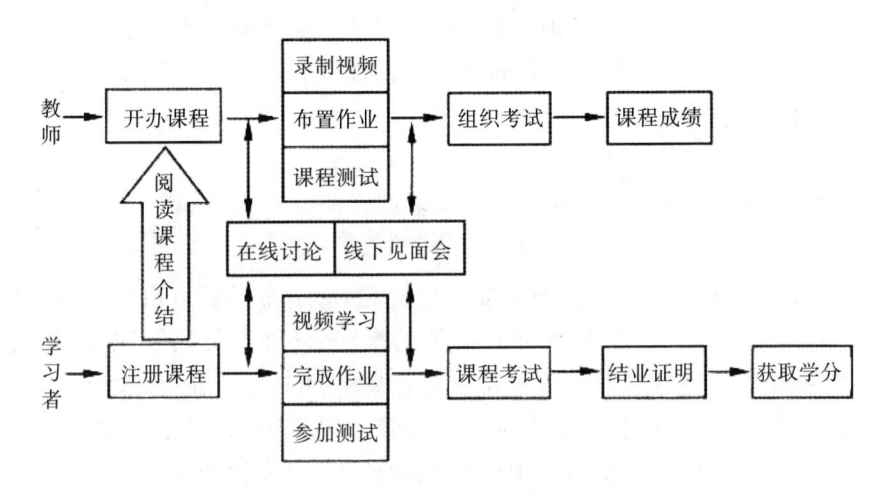

图 2-3 基于内容的慕课课程设计开发模式

（资料来源：蔡先金等，2015）

综合而言，上述两大模式的特征可以总结如下。

第一，慕课课程设计以及活动组织都是建立在网络这一平台基础上的。

第二，慕课课程设计不仅包含了课程资源、课程视频等内容，还包括了学习社区等内容。

第三，慕课课程的时间一般不会太长，控制在 8~15 分钟之内最佳。

第四，慕课课程设计应保证创新性和开放性。

二、大学英语慕课教学的意义

（一）突破时空限制，转变教学模式

传统的大学英语课堂教学容易受到场地、师资等因素的限制，而大学英语慕课教学则打破了这一限制,它依托线上网络课程,在课程内容、组织实施、考评交流等方面均突破了传统教学的时空局限,不论是几个人还是很多人均可同时进入课堂,提高了教学效率。而且大多数慕课课程资源是对所有互联网用户开放,不论是什么民族,在哪个地区,只要对大学英语课程感兴趣,都可在慕课平台中获得高水平教师的"无门槛"课程,这从一定程度上解决了偏远地区教育落后的困境,促进了教育的公平性和普适性。

（二）激发学习兴趣,使学生的学习更为自由

线上课程的另一大优势是可以重复观看,学习者可以自由安排、选择学习时间,根据自身情况深化学习结果,充分理解英语知识,提高英语学习效果。将慕课教学融入大学英语课堂,可以有效地解决教师在实际教学中面临的课时不足、学生英语知识水平不统一、基础知识教学内容无法摄入等问题。只有提升慕课课程质量,增强教师课堂吸引力,引导并鼓励学生进行课上课下的自主学习,才能最大限度地发挥慕课的作用。这也进一步使以"教师为中心"的传统课堂教学逐步向以"学生为中心"的教学转变,并进一步使学生从"要我学"向"我要学"转变,最终形成以学生为主体的个性化教学形式。

三、与慕课结合的大学英语混合式教学

（一）基于慕课的混合式教学的内涵

基于慕课的混合式教学起源于在线学习。在过去很长的一段时间里,在线教学与面对面的课堂教学保持着相互独立的关系。传统的课堂教学是以教师为中心的,教师需要在固定的时间里,在课堂上向学生传授知识,这种传统教学方式便于教师有效地组织和监控整个学习过程,比较容易达到教学目的。基于互联网平台的在线学习,它摆脱了固定的地点和时间的限制,教师可以利用多元化的教学资源和图文并茂的多媒体技术来满足学生的学习需求。

在整个学习过程中,学生的自主性得到充分的发挥,可以获得更加

第二章　建构主义视角下大学英语混合式教学的具体模式

良好的学习体验,但师生之间缺乏面对面的情感交流,导致教师无法准确获得及时的信息反馈,很难进行针对性的讲解,无法实现因材施教。基于慕课的混合式教学将这两种教学方式有效地结合和互补,对学习资源进行整合和优化,在教学过程中充分发挥出学生的主体作用和教师的主导作用,从而切实提高教学效果。因此,基于慕课的混合式教学就是指学生在课外以在线的方式去学习慕课等数字化资源,而在课堂内就这些资源的学习进行巩固提高而开展的教学。

具体而言,课前,教师在教学平台上提供给学生与本节课程相关的优质慕课资源和相关学习资料,学生在线上自主进行慕课资源和相关资料的学习;课上,教师引领学生对疑难点展开辨析讨论,帮助学生解决在线学习过程中产生的疑难问题,并开展形式多样的小组活动,引导学生将所学知识内化;课后,教师加强与学生的沟通交流,及时帮助学生进行巩固,从而完成教学任务。

(二)基于慕课的混合式教学的应用策略

1. 开发教学内容

构建基于慕课的混合式教学内容,主要是把好选题这一关。大学英语教师应该根据大学英语课程标准,并结合学生英语知识基础和自身的学习能力而对教学内容进行筛选。设计每节课的教学内容时,教师要准确区分重难点内容和非重难点内容,然后生动形象地讲解重难点,使学生理解起来更透彻,这既是对大学英语教师教学技能的考验,也是对学生获取知识及理解知识的能力的考验和锻炼。

基于慕课的混合式教学对学生的自主学习意识与能力有较高的要求,慕课设计者要立足学生需求而开发基于慕课的混合式教学资源,要通过科学设计基于慕课的混合式教学内容而有效培养学生的学习能力。基于慕课的混合式教学内容的开发对大学英语教师分割知识点的能力也提出了一定的要求,要求大学英语教师精确细分知识点,以符合基于慕课的混合式教学的特征,并满足基于慕课的混合式教学的需要。

2. 制作慕课视频

基于慕课的混合式教学是一种开放式教育、网络化教育，因此需要制作相应的慕课视频，制作慕课视频的完整流程包括下列几个环节。

（1）慕课定位

大学英语教学在学校教育中的地位非常重要。慕课开发者应该从本校办学情况出发，在公平、平等、互惠互利的基础上建立合作关系，共同开发慕课，面向全校学生进行在线大学英语教学，将慕课教学本身的开放性和规模化特征体现出来。另外，要为学生的在线学习提供便捷服务，拥有互联网移动终端如电脑、手机、平板的学生只要在线注册账号就可以在线学习大学英语课程，观看教学视频，学习各个模块的内容。

（2）视频策划

大学英语教师和互联网团队要合作完成慕课视频策划工作。慕课视频的制作不仅要从章节方面来规划和考虑，还要考虑完成教学所用的时间，否则与慕课的特点相悖，也会影响学生学习时注意力的集中性。但是一味追求短视频、快速度也是不合适的，在有限的时间内简短介绍知识点基本只能笼统概括，来不及讲精髓，这会影响学生的学习效果。所以，大学英语教师和视频制作人员要提前考虑好每个知识点大概占用的时间，重点知识点所占时间长一些，非重点的所占时间短一些，灵活安排，考虑好了再录制视频。大学英语教师也可以观看其他学科慕课视频，吸取经验，学习视频制造软件，掌握视频制作的要点，亲身参与到大学英语慕课视频的制作中来。

大学英语教师在制作大学英语慕课视频之前，要做好收集慕课素材的准备工作，还要选择制作工具，并能灵活操作。这是非常重要的两个步骤。

①收集素材。收集慕课素材要以大学英语教学内容为依据，学校一些工作人员因为还不具备很强的多媒体实践技能，所以慕课素材主要来源于学校自制素材和信息技术公司的加工素材两方面。前者包括课本内容、学生课外活动内容。后者是指信息技术公司人员利用互联网和专业设备而加工原始材料。

②制作工具。慕课教学视频呈现出的效果要比微视频好一些，这与慕课本身的规模化、开放性有关，而微视频相对比较小众化。制作慕课

第二章 建构主义视角下大学英语混合式教学的具体模式

视频对视频拍摄场地、拍摄者以及拍摄工具的要求都很高,常用的制作工具包括PS(图片编辑的图像处理软件)、PR(视频编辑软件)和AE(图形视频处理软件)等。

（3）视频录制

影像摄制是非常重要的一个环节,做好这一工作,有助于使视频课件既清晰准确、简洁易懂,又与大学英语教学的节奏和要求相符。慕课录制的实施对教学情境、影像艺术的要求很高,但是在摄影艺术方面有很高水平的大学英语教师较少,所以进行影像摄制更为可靠。在这一环节既需要教师做好准备,也需要摄影人员做好准备。

①教师准备。大学英语教师要紧紧抓住大学英语慕课的特征认真备课,在录制前了解一些着装文化,了解怎么穿搭显得大气沉稳,而且还要了解如何调整身体姿势更上镜一些,要注意仪表仪态,要保持良好的精神面貌,将大学英语教师的风采展现出来。正式拍摄前,大学英语教师要和摄影师沟通好,讨论拍摄中要注意的地方,最终提高拍摄效率,呈现出成功的影像作品。大学英语教师上镜时表情自然一些,谈吐要清晰,目光要自然,可以将非语言符号适时加入教学中,自然大方,以赢得线上学习者的认可。

②摄制准备。拍摄人员在正式录制前要准备好所有的器材、设备,要随时对场景布置、器材设备的功能进行检查,以免出现突发情况,影响正常录制。只有把各个方面的准备工作做好了,录制才会更顺利,效率才会提升。

为保证视频录制质量,一般要搭建专门的演播厅供大学英语教师讲课,以方便录制。演播厅作为重要录制场地,要做好场景方面的准备,具体来说,要准备好摄像机、背景布、讲桌,除了这些必需的布景外,还要搭配一些装饰品,这样整体看起来不会太僵硬,只有环境自然大方,大学英语教师在录制时才不会过于紧张,才会有很好的发挥,才会很顺利地完成录制工作。

（4）视频剪辑

影像摄制完成后,后期要对录制视频进行加工,这就需要将一些常见的视频编辑软件利用起来,以呈现出最终的视频作品。所以说,视频录制完不代表真正结束了慕课制作工作,还需要再次加工。专业人员利用专门的软件进行二次加工时,可以将素材打乱,按照一定的逻辑关系和时间关系对各种素材进行调整,并导入重要的图片、动画或声音,从而呈现出形象生动的视频作品,使视频作为学生的学习资源而发挥自身的重要价值。

(5)平台上线

完成剪辑工作后,慕课制作的整个过程也就结束了,这时就需要信息技术公司上传最终的视频作品。学校在官网上传视频链接,学生登录官网、完成注册便可以看到录制好的视频,进行在线学习。

3.教学组织实施

要顺利实施大学英语慕课教学,就要在上传慕课视频后有效监控学生的学习,同时也要鼓励学生自觉进行线上学习。大学英语教师在移动终端后台可以对学生的学习情况、反馈信息进行监控,利用表格形式下载详细数据,便于对学生的在线学习情况有更直观的了解。通过后台监控可以发现哪些学生没有按时完成在线学习任务,从而提醒这些同学及时弥补,以提高学生的自主学习意识。学生在线学习慕课视频的时候,遇到任何问题都可以在线反馈,教师或工作人员在后台实时解决问题。

第二节 与微课结合的大学英语混合式教学模式

一、微课教学的内涵

(一)微课教学的定义

从字面上来说,"微课"有如下三个层面的阐释。

(1)对于"课"来说,微课是"课"的一种,而且是一种短小的教学活动。

(2)对于"课程"来说,微课是有计划、有目标、有内容、有资源的课程。

(3)对于"教学资源"来说,微课具有丰富的教学资源,如数字化学习资源包、在线教学视频等。

第二章　建构主义视角下大学英语混合式教学的具体模式

但是,对其内涵进行挖掘,可以发现微课是一种具有单一目标、短小内容、良好结构、以微视频为载体的教学模式。微课的最初理念是通过正式或者非正式的学习方式,人们不断对短小、主题集中、与实践紧密结合的专业知识进行学习,从而提高学习效果,促进知识的内化。

本书认为,微课教学是指教师将微课的资源整合到日常课堂当中,根据学生的学习特点和学习进度,将微课资源与普通课堂相结合,从而实施教学的过程。

(二)微课教学的分类

当前,微课教学有几种常见模式。下面这几种模式的构成要素有着较大的差异,但是各有各的特点,下面就对这几种模式展开详细的论述。

1. 非常4+1微课资源结构模式

非常4+1模式主要由图2-4所示的五个要素构成。其中"1"代表微视频,而"4"代表围绕它的四个层面,便于构建微视频。这"4"个层面都是围绕"1"建构起来的,并且是与"1"相匹配的资源。

2. 可汗学院微课教学模式

可汗学院微课教学模式(图2-5)相对比较复杂,具有较高的建构成本,适用范围比较广泛。在这一模式中,教学设计者、教师、学生彼此之间是相互促进的关系,当然彼此之间也是独立的。这一模式主要是为了完成教学的设计。

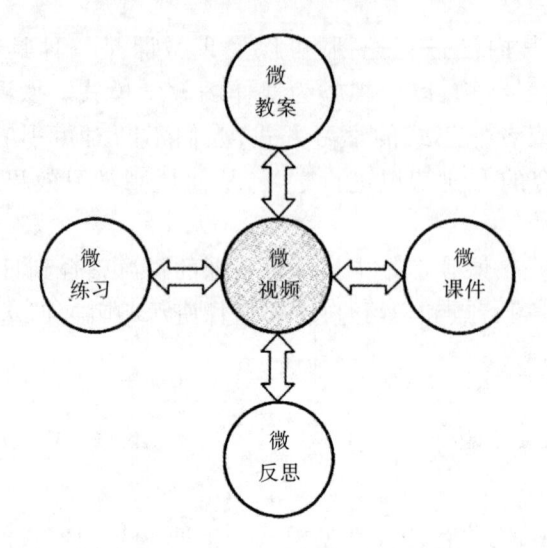

图 2-4　非常 4＋1 微课资源结构模式

（资料来源：王亚盛、丛迎九，2015）

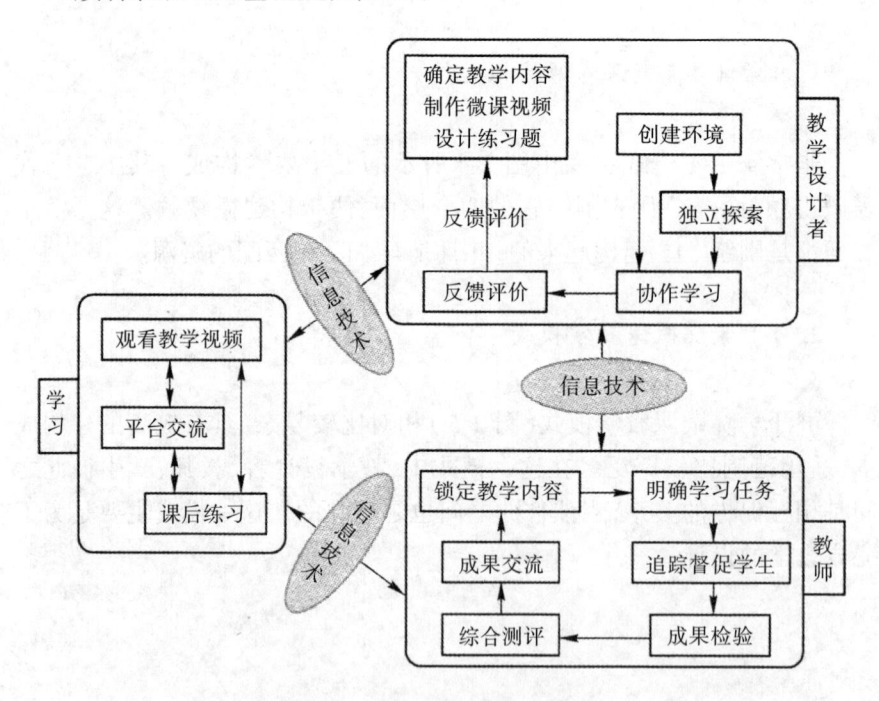

图 2-5　可汗学院微课教学模式

（资料来源：王亚盛、丛迎九，2015）

第二章　建构主义视角下大学英语混合式教学的具体模式

3.111微课内容构建模式

111微课内容构建模式（图2-6）主要指的是对三个"1"的把握。其中第一个"1"指的是用1个案例引入教学情境，从而让学生对学习的价值与意义有清楚的了解；第二个"1"指的是带出一个本集需要的知识点或者概念，从而强化对知识的理解和把握；第三个"1"指的是对其进行训练，从而实现知识的内化。

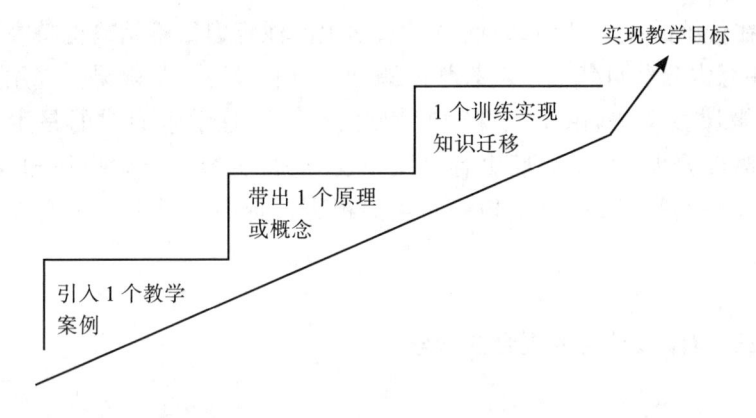

图2-6　111微课内容构建模式

（资料来源：王亚盛、丛迎九，2015）

二、大学英语微课教学的意义

（一）促进学生学习积极性的提升

大学英语微课教学中，教师用直观教学手段清晰地展示抽象的理论知识和技能，便于学生理解与掌握知识。大学生对新鲜事物充满好奇心，新颖的微课教学模式能激发他们的好奇心和求知欲，学生在新的教学环境下学习积极性不断提升，主动建构学习，对于提高学习效果具有重要意义。

（二）使学生的个性化学习需求得到满足

大学英语微课教学可以满足不同学生的个性化学习需求，学生可以根据自己的需要灵活选择所要学习的内容，既能强化自己已掌握的知识与技能，又能重点学习自己未掌握的知识与技能。大学英语微课教学为学生提供了延伸性的学习平台，学生利用拓展化学习资源可以查漏补缺知识点，完善知识体系，巩固大学英语技能。

在传统的大学英语课堂教学中，学生的注意力很难始终保持高度集中，注意力分散自然会影响教学的顺利进行和最终教学效果。采用大学英语微课教学法，由于上课时间相对较短，而且学生面对的是生动形象的教学资源，所以他们更容易集中注意力，更容易准确抓住知识点，主动思考与探索，这对于拓展学生的视野及提高其学习水平有很大的帮助。

三、与微课结合的混合式教学

（一）基于微课的混合式教学的内涵

基于微课的混合式教学模式，即融课内与课外、线上与线下、正式学习与非正式教学为一体的混合式教学模式。教师以微课为载体，开展项目学习及丰富多彩的课堂教学活动，学生历经目标定制、自主学习、合作研究、结果呈现和互动反馈过程。该教学模式突破了传统的填鸭式知识灌输和枯燥的理论知识介绍的传统教学方法，在确保知识系统完整性的同时，积极引导学生参与教学，增进师生交流，以此提高了课堂教学的先进性和趣味性。

（二）基于微课的混合式教学的应用策略

大学英语微课教学的组织与实施过程可分为以下三个阶段。

第二章　建构主义视角下大学英语混合式教学的具体模式

1. 课前准备

准备阶段的工作主要包括对教学内容的选取、对教学目标的确定、对教学策略的制定、对教学顺序的安排等内容。选取教学内容一定要有明确的主题，对某一个或少数几个选定的问题集中进行说明，这样才能体现出基于微课的混合式教学的目的性和计划性，才能使基于微课的混合式教学目标发挥引领作用。

2. 课中教学

（1）课程导入。微课时间较短，在有限的时间内尽可能用新颖的方法引出话题，这样才能在短时间内吸引学生的注意力，使其在接下来的时间里集中精力学习，这一环节用时较短。
（2）正式进入教学活动。教学活动是主体部分，以解决一个技术问题为主线。教师的讲解要简短精练，留出让学生自主练习的时间，教师要注意巧妙启发、积极引导。
（3）课堂小结，课堂小结是对教学内容要点的归纳及整个教学的总结。课堂小结贵在"精"，要起到画龙点睛的作用，以免画蛇添足。

3. 课后反思

教学探究和解决问题是课后反思的基本立足点。通过反思，教师检验学生学习目标的合理性与达成情况，并根据现实问题向学生提出解决方案与改进建议。

第三节 与翻转课堂结合的大学英语混合式教学模式

一、翻转课堂教学的内涵

(一)翻转课堂教学的定义

当前,常用的翻转课堂模型就是图2-7所示的罗伯特·塔尔伯特(Robert Talbert)教授的模型,他在"线性代数"中应用了这一模式,并且效果显著。

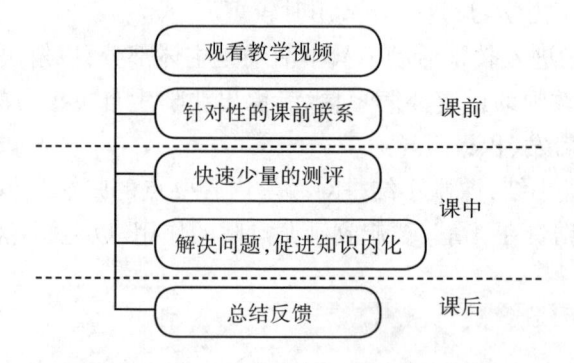

```
观看教学视频
针对性的课前联系     课前
- - - - - - - - - - - - - - -
快速少量的测评
                    课中
解决问题,促进知识内化
- - - - - - - - - - - - - - -
总结反馈             课后
```

图2-7 罗伯特·塔尔伯特的翻转课堂教学结构图

(资料来源:孙慧敏、李晓文,2018)

这一模型为后续学者、专家进行教学模式探索提供了基本思路。那么,到底什么是翻转课堂教学模式呢?有人将其定义为一种在线课程,也有人将其定义为传统课堂顺序的颠倒。但是,这两种观点都不准确。实际上,翻转课堂的核心在于教学视频,但是教师在其中也仍旧发挥重要的作用,因此不能将翻转课堂定义为一种在线课程。在传统的课堂中,教师充当知识的灌输者,但是翻转课堂是将知识传授予以提前,而将课后需要练习的内容转移到课堂中,学生与教师或者其他学生在课堂上可以进行探讨。这种颠倒实际上是为了让学生对知识进行内化,这才是翻转课堂的内涵所在。

第二章　建构主义视角下大学英语混合式教学的具体模式

（二）翻转课堂教学的理论

1. 掌握学习理论

所谓掌握学习,即学生在自身掌握足够的时间与最佳的学习条件的前提下,掌握学习材料的一种手段。这一理论是由卡罗尔(1963)提出的,并且卡罗尔认为,学生的学习速度有快有慢,但是只要为他们准备充足的时间,最终他们都能够达到知识掌握的标准。

布鲁姆(B.S.Bloom,1986)在卡罗尔理论的基础上,提出了"掌握学习"教学法,这一理论对后期的教学模式改革提供了帮助。在布鲁姆看来,掌握学习的核心在于学生,并不是因为他们的智力不够而未能取得好成绩,而是因为他们的学习时间不足。因此,只要给予他们充足的时间,那么他们的智力就会被激发出来,就会完成学业。

2. 学习金字塔理论

美国学者埃德加·戴尔(Edgar Dale,1946)率先提出"学习金字塔(Cone of Learning)"理论,它用数字形式形象显示了学生采用不同的学习方式在两周以后还能记住的内容多少(平均学习保持率),如图2-8所示。

由图2-8可以看出,学习方法不同,其学习效果也必然不同。并且通过分析可知,该理论能够揭示出传统灌输学习转向体验式学习是如何影响学生学习的,也能够为学生提供提升学习效率的路径。

三、大学英语翻转课堂教学的意义

（一）真正实现以学生为中心

翻转课堂教学模式是对传统教学场所、教学时间等的颠覆。通过这一教学模式,教师将讲授的媒介转向视频,学生通过自学来获取知识。

教师可以通过 Facebook、Twiter 等为学生提供资料,学生可以在网上对这些资料进行获取,从而主动进行学习。

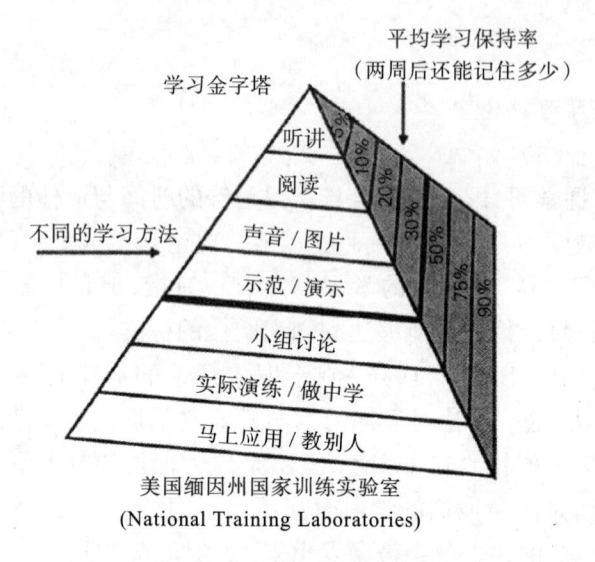

图 2-8 学习金字塔理论

(资料来源:孙慧敏、李晓文,2018)

(二)让学生的英语学习更自主

翻转课堂教学的课前学习部分以及课堂的任务活动部分,都需要学生参与其中,这不仅仅是让学生对学习负责任,也是让学生认识到只有通过学习,才能够与教师或者其他学生展开知识的探究。这时候,学生从被动的学习转向主动的学习,从而有助于培养他们的自主学习意识。

二、与翻转课堂结合的混合式教学

(一)基于翻转课堂的混合式教学的内涵

基于翻转课堂的混合式教学虽是新型的教学模式,但无论何种教学模式,教学的真正目标都是让学生掌握知识并学会应用知识,做到"授之以渔"。翻转课堂课前、课中、课后的教学方式和反馈都与传统课堂不

第二章 建构主义视角下大学英语混合式教学的具体模式

一样,但无论发生何种改变,都不能脱离教育的本质。另外,基于翻转课堂的混合式教学中的探究性课堂使传统讲授式的课堂发生了颠覆性的改变,学生可以在课堂上进行小组讨论并踊跃表达自己的观点。

(二)基于翻转课堂的混合式教学的应用策略

1.教师增强对教学时间的把控能力

教师要在课前对每一环节所需时间进行宏观的把握。课前录播异步自学环节,教师在制作录播课时要注意时间的把控;在线直播同步操练环节,教师要根据PPT进行模拟教学,通过观察自己的模拟教学视频优化教学设计,及时调整各项操练活动的时间,以增强对教学时间的把控能力。

此外,教师在实施基于翻转课堂的混合式教学模式之前应该先将该模式的理念告诉学生,使学生充分了解自己的学习任务,有助于促进师生之间相互配合,避免在直播课中浪费时间。

2.选取优质线上教学平台

线上教学需要依托于互联网和线上教学平台。目前我国各大免费线上教学平台仍处于发展阶段,想要选择一个满足师生双边教学需求的优质教学平台,教师可以通过询问有线上教学经验的教师、查阅文献或搜索等方法对各大平台进行对比调研,从而选取适合线上教学的最优平台。

3.适当建立合理的监督、评价机制

在基于翻转课堂的混合式教学模式中,课前录播异步自学环节需要有效的监督和评价机制。课前录播异步自学环节应依托教学平台设置学习打卡环节,及时监测学生学习进度;在线直播同步操练环节应构建多维评价体系,除教师点评外,还需设置组内互评以及学生自评环节;课后师生共同反思环节,除师生自我反思外,还应设置师生互评环节。

有效的监督和评价机制既有助于提升教师教学能力,也能够在一定程度上督促学生自主学习。

　　混合式教学理念在我国一经提出,各学科的教育者都纷纷把慕课、微课、翻转课堂等线上学习与线下学习融合起来,从而凸显混合式教学的优势。可见,慕课、微课、翻转课堂教学模式与大学英语混合式教学模式有着千丝万缕的关系。本章在论述慕课、微课、翻转课堂这三种教学模式内涵与意义的基础上,重点将这三种模式与大学英语混合式教学模式相结合,探究二者融合的内涵以及具体的应用策略,以便于更好地进行建构主义视角下大学英语混合式教学。

第三章 建构主义视角下大学英语混合式教学的内容创新

大学英语词汇、语法,以及听、说、读、写、译是大学英语教学的重要组成部分,学生只有熟练掌握这些基本知识与技能,才能真正提高英语综合运用水平。大学英语混合式教学在建构主义视角下的运用,可以更好地提升大学英语各项知识与技能教学的效果。首先,应注重提高英语教师思政理论水平,通过文件、会议等方式引导教师认识到在英语语法教学中融合思政教育的重要性,增强教师"立德树人"理念。其次,加强对英语教师思政教育,加强新时代中国特色社会主义理论知识学习和掌握,引导教师坚定四个自信、树立四个意识,引导教师树立终身学习理念,提高社会公德、职业道德水平,进而在教学过程中能够以身作则,对学生产生潜移默化的影响。另外,侧重于增强英语教师思政教育能力。一名优秀的教师,应具备"传道授业解惑"的能力与意识,英语教师应正确认识到课程思政的重要性,注重提高对英语知识与思政知识的分析、整合能力,提高融合教学能力,进而真正实现教书育人的目的。本章将对这些内容予以分析。

第一节　大学英语词汇与语法知识的混合式教学

一、大学英语词汇知识的混合式教学

（一）词汇知识简述

很多人认为,"词"与"词汇"是等同的,其实二者是被包含与包含的关系。关于"词"的概念,可以从以下三个层面理解。

首先,词是一种语法单位。对于一种语言而言,其语法是由多个层面组成的,而每一个层面都属于一个"级阶",所有的级阶合在一起就构成了一个层级体系。在语法层级体系中,词就属于一个级阶,且介于语素和词组之间。因此,词与语素、短语、句子等一样,是语法单位的一部分。

其次,词既是一个普通术语,又是一个专门术语,即词具有二者的双重属性。例如,当人们看到 boy 与 boys 这两个词时,如果将其当成两个词,那么就将词看成一个专门术语;如果将其当成一个词,那么就将词看成了一个普通用语。

最后,词是自然的可界定单位。一般来说,在日常生活中,无论是口语表达还是书面表达,人们使用的语言都具有连续性。但是,偶尔也会出现空白或者停顿的情况。因此,词可以被认为是两个空白或者间隙之间的一套字母组合或音段成分。[①]

弄清楚了词这一概念,那么词汇的概念也就可以进一步了解和把握了。词汇是一个集合概念,其并不是某一具体词或者某些固定词组的代表,而是一种语言中全部"词"和"语"的结合。简单来说,英语词汇就是英语中全部词与固定词组的结合。很明显,词汇与词是整体与个体的关系。一般情况下,一种语言中只包含一个词汇系统。

另外,词汇有很多含义,不仅可以指某种语言中的全部词汇,也可以

[①] 胡壮麟.语言学教程(第3版)[M].北京:北京大学出版社,2007:52.

第三章　建构主义视角下大学英语混合式教学的内容创新

指代某特定时期的全部词语,如古英语词汇、中古英语词汇、现代英语词汇,还可以指某一种语言、某一种方言、某一本书的词汇。可见,词汇的领域是非常广阔的,不仅仅是指某一单独个体。其中,《麦克米伦英语词典》(*Macmillan English Dictionary*,2002)对词汇下了如下这一定义。①

(1)[C/U]all the words that a person knows

a.[C/U]all the words in a particular language;

b.the words used for talking about a particular subject;

c.all the words used or produced by a computer program, game.

(2)[C]a list of words and their meanings, especially in a book for learning a foreign language.

这一定义是比较全面的、完整的,涵盖了词汇各个层面。综合来说,词汇是人们知道的所有词的集合。

(二)大学英语词汇知识混合式教学的基本原则

在大学英语词汇教学中,教师应科学地遵循教学原则,以使词汇知识教学更加高效、有序地进行。具体而言,教师在开展词汇知识教学时可遵循以下教学原则。

1.联系文化原则

大学英语词汇知识教学应遵循联系文化原则,这是因为语言与文化密切相关,很多词汇都蕴含着丰富的文化,而且词汇学习的最终目的也是进行跨文化交际。遵循联系文化原则是指,在大学英语词汇知识教学过程中,词义的讲解、结构的分析都应与文化相联系。充分理解语言文化,有助于学生加深对词汇的理解,全面掌握词汇的演变规律,有效地运用词汇。

---

① 转引自汪榕培,王之江.英语词汇学[M].上海:上海外语教育出版社,2011:3-4.

2. 情景性原则

词汇知识教学不应孤立进行,应做到词不离句、句不离段,设置情景,借助情景教授词汇。学生善于模仿、记忆力好、听觉敏感,所以教师应抓住学生的这些特征,为其创设真实的语言情境。教师应根据教材的内容,努力为学生创设良好的语言环境,让学生在较为真实的语言情境中,积极开展练习活动,坚持听、说、做相结合的原则。在情景中教授英语单词,一方面有利于学生对词义的理解,加强记忆;另一方面,方便学生将所学单词应用于交际活动中。

(三)大学英语词汇知识混合式教学的建构策略

1. 借助新兴技术,激发学生学习兴趣,培养其自主学习能力

在教学中融入信息技术手段,能够将学生的学习兴趣激发出来,在一定程度上转变学生的固化思维模式。学生对词汇的音、形、义的理解可以通过网络在课下加以巩固,这不仅有助于提升学生的学习效率,也有助于让教师重视词汇知识教学的方法与手段,提高学生对词汇知识教学的认知。众所周知,课堂教学时间非常有限,教师可以提前在网络上发布任务,引导学生展开自主学习,让学生在自主学习中不断发现教与学中的问题。

2. 转变学生学习方式,引导其深度学习

混合式教学可以将学生的不同学习方式加以融合。在词汇知识学习方面,学生不再局限在读、写、背诵上,而是将自己碎片化的时间进行整合,展开在线学习,运用多媒体资源对自己的学习进行设计。

(四)将课程思政融入大学英语词汇教学

大学英语课程思政是为了让大学生走出国门了解世界文化的同时,

第三章　建构主义视角下大学英语混合式教学的内容创新

树立起自我文化的认同感以及民族自豪感,从而不至于过度认同他国文化而产生忘本的现象,并能够用英语这门通用语来介绍自己热爱的文化,使世界了解中国以及中国文化。诚然,这个过程任重而道远,需要从教学的各个方面进行润物细无声地渗入,避免极端化,使学生乐学善学。虽然语言学习的过程涉及听、说、读、写、译等各个方面能力的提高,但词汇作为这些能力提升的基础,亦可在教学中设计思政的理念。

我们知道,大学英语的课文选材来自国外的期刊,语言和用词上均是原汁原味,这样学生亦可学到原汁原味的表达,那么在学习地道表达的同时也能将其应用到对于我国社会发展及文化的翻译中,可以使学生更好地学以致用,激发学习动力,同时又能润物细无声地进行课程思政。因此,在大学英语的词汇教学中,教师可引导学生正确地学习词汇,记单词意思不止停留在中文翻译上,可在同时阅读该词汇的英文解释,这样学生可以更好地了解该词的使用场景。

另外,教师在讲解词汇时亦可搜寻将其应用于中国文化的实例,给学生提供真实恰当的翻译体验,例如,教师在《新视野大学英语(第三版)》第一册第一单介绍"reap the benefits (of sth.)"这个短语时,在学生理解了原文的用法之后,可以试着让学生将其用在"共建'一带一路'将久久为功……"(The Belt and Road cooperation will reaplong-term benefits...)这样的表达中,学生在学习英语的过程中便在进行思政学习了。因此,教师在教学过程中只要找到类似的契机,便可以将大学英语课程思政与词汇教学进行有机地融合了。

因此,大学英语教师要结合构建主义理论进行教学,对传统教学模式进行更新,改善教学理念。构建主义理论的学习观强调在学习过程中学生要有主观能动性,大学英语教师在课堂中应该把学生作为学习的主体,培养学生的学习兴趣,让学生具备学习自觉性。教师是学生学习的领路人,学生自身应该要明白学习是自己的事情,学生在学习上要主动,面对教师传授的知识也要加以思考,带着学过的知识和学到的经验方法去理解,这样学生才能学得更多,学习效果更好。从构建主义理论中,我们还明白了学习过程的重要性,大学英语教师在教学中也不能忽略学习的过程,在词汇教学中除了学习词汇的意思,还要学习词汇构成法则、词汇运用等,结合句子更好地理解词的含义等。教师在理解构建主义学习理论后,将其巧妙地运用到英语词汇教学中,帮助学生更好地掌握学习方法。

二、大学英语语法知识的混合式教学

(一)语法知识简述

语法属于经验认识的理论,它是人类生活的物质和意识两方面持续辩证发展的结果。如果将语言看成是人类对经验的识解,那么语法就是经验识解的方式。语法虽然使意义的表达具有可能性,但是同时也对什么可以被意义化设定了限定。

语法在语言中具有举足轻重的作用。谈及语法的定义,不同的学者有不同的界定。

库克与博尔斯(Cook, S. & Burns, A., 2008)认为,语法涉及的内容非常广泛,如传统语法、规定语法、语用能力、交际能力、结构语法等都属于语法的范畴。[1]

厄(Ur, P., 2009)认为,语法被认为是在一种语言中,为了能够形成更长的意义单位,对词或者词组加以组合的手段和方法。[2]

朗曼在《应用语言学词典》中将语法定义为,语法是对语言单位(词汇、词组等)组成句子时所遵循的方式的一种描述。

北京大学英语系教授胡壮麟认为,语法应该被看作一个理性的动态系统而非任意规则的静态系统。

1. 句法关系

句法关系基本上是一些很简单的关系,可以分为三类:位置(positional)关系,同现(co-occurrence)关系以及可替换(substitutability)关系。

(1)位置关系

位置关系如句子的词序一样呈显性,可以观察到,另外两种关系则呈隐性,单凭观察句子不能揭示它们,而是要通过互相比较一系列的句

---

[1] Cook, S. & Burns, A. Integrating Grammar in Adult TESOL Classroom[J]. *Applied Linguistics*, 2008, (3): 15.
[2] Ur, P. *Grammar Practice Activities: A Practical Guide for Teachers*[M]. Beijing: Foreign Language Teaching and Research Press, 2009: 4.

子序列。例如：

词汇：old, wolf, killed, man, the, an/a 的可能组成如下几种句子。

A wolf killed an old man.

The old man killed a wolf.

An old wolf killed the man.

但是，如果组合成下面这两句，就是逻辑不通的。

A the old man wolf killed

Old killed man wolf the a

显然，上面两句话仅仅是把词进行了堆砌，并未按照正确的语序进行排列，因此是不合逻辑的句子。

（2）同现关系

人们所说的同现关系，是指不同词类的词允许或要求另一词类的词出现，以构成句子或句子的特定成分。因此，英语中 man, horse 等一类的词在短句中可以后接 eat, live 一类的词，而且经常是如此后接的，尽管说所有合格的句子一定都是这种类型的是荒谬的。答问句常常可以是其他类型的，许多语言中相当多的独词句就是答问句。man, horse 等一类词前可以是 good, strong 等一类词，也可有 the 和 a。但是 the 和 a 如果要置于 eat, breathe, live 类的词语前，就要求一个 man 类或 good 类的词语共现。我们在这里立刻就可以看到成分的位置序列起了作用；the 的出现既以 good 等或 horse 等为前提（the good are honoured, the horse eats），又必须出现在固定的相关位置上。如果要全部置于 eats, works 等前面构成一个完整的句子或作为完整句的第一部分，那么 the strong horse 就是三个词唯一允许的词序。

（3）可替换关系

相同的句子结构在语法上有可以相互替换的词类或词的集合；但除此之外，多于一个词的词组无论它在句子中相邻还是分开，都可以作为整体在语法上被替换为一个特定词集中的一个词。在英语 man lives, man wants little 等句子中，词组 the man 可以替换 man，但不能替换 the；strong man 可以替换 the man drank it all 等中的 man。在 yesterday he came 中，came 可用以替换 yesterday... came，但 yesterday 则不能如此替换（he came 是句子，但 yesterday he 不是）。

2. 句法结构

句法结构是指句法单位与句法单位之间相互联系、相互作用的方式。相同的句法单位按不同的方式联系起来，所形成的语言片段的意义就会不同。基本的句法结构类型有如下几种。

（1）主谓结构

它有主语和谓语两个结构成分，结构成分之间有话题与陈述的关系，所以又叫陈述结构。例如：

He slept.

他睡了。

（2）述宾结构

这种结构有述语和宾语两个结构成分，成分之间有支配和被支配的关系，所以又称支配结构。例如：

To repair the car.

修理汽车。

一个述语有时还可以带两个宾语，这样，一个述宾结构就有三个结构成分了。例如：

Gave me some pictures.

给我一些照片。

（3）偏正结构

它有偏与正两个结构成分。正的部分叫中心语，当中心语由名词充当时，偏的部分叫定语。例如：

red flag 红旗

当中心语由动词、形容词充当时，正的部分叫中心语，偏的部分叫状语。例如：

come again 再来

（4）述补结构

述补结构由述语、补语两个结构成分。成分之间有补充说明和被补充说明的关系，补语出现在述语的后边，带有补充修饰的意味。例如：

They painted the house a hideous shade of green.

他们把房子漆成了可怕的绿色。

第三章　建构主义视角下大学英语混合式教学的内容创新

（5）联合结构

联合结构有两个或两个以上的结构成分，成分之间有并列在一起的关系，所以又叫并列结构。联合结构无论有多少个结构成分，整个结构的语法功能等同于其中一个成分的功能。例如：

boys and girls 男孩和女孩

句法规则决定句子的语序是否正确。我们知道英语的冠词如 the 或 a 位于名词如 animal（动物）之前，而句子则不只是将单词像串珍珠似的前后相连而已。例如，synthetic buffalo hides 所示，句子中的词可以分为两个或更多的词组，每一词组内部又可以进一步分为小词组等，直到只剩下单个的词为止。例如：

The child found the puppy.

孩子找到了小狗。

这个句子由两个主要的词组构成，或称组成成分：

The child　　found the puppy
（孩子）　　（找到了小狗）

与句子的"主语"和"谓语"相对应。这些词组可以进一步切分直到原句成分像下面图 3-1 所示的那样。

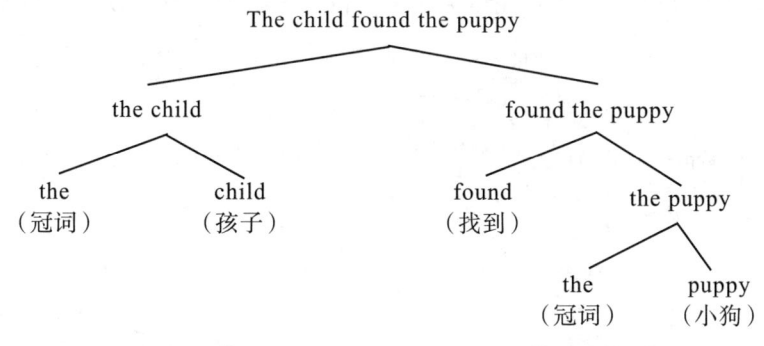

```
              The child found the puppy
             /                          \
        the child                   found the puppy
        /     \                      /          \
      the    child                found       the puppy
    （冠词）（孩子）             （找到）     /       \
                                           the      puppy
                                         （冠词）  （小狗）
```

图 3-1　"The child found the puppy."的结构树

这样的图解叫做成分结构树，这是一棵倒长的"树"，"根"在上，"叶"在下，在树的"分枝"处的每一节点上，有一组词形成句子的一个部分或称结构成分；树的底部是单个的词或语素。除了揭示线性次序，成分结构树还具有层次结构。这一术语的意思是，组成结构成分的词组或小词组由它们在树上所出现的层次来表示。

这一图解表明 found the puppy 这一短语自然地分为 found 和 the puppy 两个部分。不同的切分，如 found the 和 puppy 则构成"不自然"

的词组,因而就不是组成成分。请注意,对于"What did you find?"(你找到了什么?)的回答可以是 the puppy,但没有一种潜在问句的回答可以是"found the"。这一测试表明 the puppy 是一个结构成分,而 found the 则不是。

Synthetic buffalo hides 这一短语具有两种可能的成分结构树,每一株树表示一种可能的意义,因此成分结构能清楚地解释为什么该短语是歧义的,如图 3-2 所示。

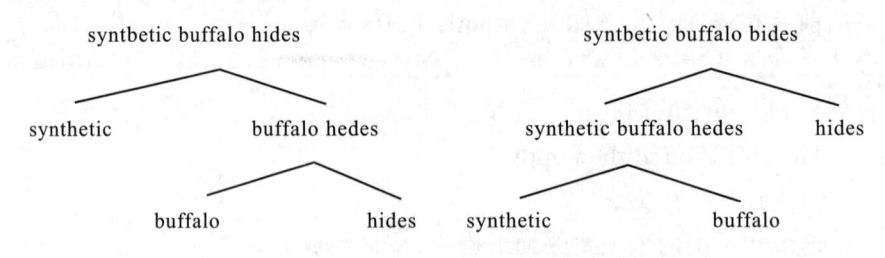

图 3-2　Synthetic buffalo hides 的两种结构树

所有语言中的句子都可以用成分结构树来表达,所有语言都有句法规则决定词的线性次序及其层次结构,即词如何组合成结构成分。

句子的成分结构还揭示哪些成分可以互相替换,而不改变句子的合语法性,如组成成分 the child 和 the puppy 在图 3-3 中可以互相替换。

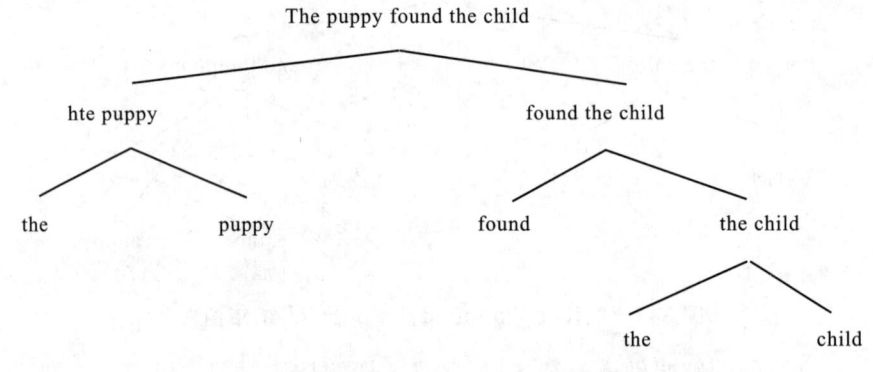

图 3-3　"The puppy found the child."的结构树

可以互相替换而不改变合语法性的组成成分属于同一句法范畴,the child 和 the puppy 同属于名词词组(NP)这一句法范畴。名词短语很容易辨认,因为它们能在句子中作"主语"或"宾语",也只有名词短语可以作主语和宾语,名词短语一般包括一个名词或代词。句法知识的一部分就是知道语言中的句法范畴,知道什么是名词短语,即便以前从未听说过这一术语。

用"Who found（谁找到了）____?"和"____was lost（丢失了）。"这样的格式将名词短语插入空位，就能辨别下面的表达式中哪些是名词短语了，你"觉得对"的那些成分就是名词短语。

① a bird 一只鸟
② the red banjo 红的班卓琴
③ have a nice day 过得愉快
④ with a balloon 带一个气球
⑤ the woman who was laughing 在笑的女人
⑥ it 它
⑦ John 约翰
⑧ run 跑

我们预料你会把①、②、⑤、⑥、⑦看作名词短语。

还有些其他的句法范畴。found the puppy 这一短语是动词短语（VP），动词短语总是包含一个动词，后面可以跟随其他成分，如名词短语。一种句法范畴可能包含其他句法范畴。可以用"The child ____"这一框架来确定下面这些句子中哪些是动词短语。

① saw a duck 看见一只鸭子
② a bird 一只鸟
③ slept 睡觉了
④ smart 伶俐的
⑤ is smart 是伶俐的
⑥ found the cake 找到了那块饼
⑦ found the cake in the cupboard 在碗柜里找到了那块饼

①、③、⑤、⑥和⑦是动词短语。

（二）大学英语语法知识混合式教学的原则

1. 交际性原则

交际性原则是指恰当地运用多媒体设计大学英语课堂教学，创设合理的语言交际环境，使语言交际环境符合实际环境，从而帮助学生更好地掌握语法知识,提升交际能力。语法知识的使用是语法知识教学的本质,所以语法知识教学应结合实际生活,培养学生的语法思维,提升学生的听、说、读、写能力,提高学生的语言交际能力。

2. 系统性原则

我国大学生在语法方面存在的显著问题之一就是语法知识掌握不够系统,很多学生常常机械、孤立地学习语法知识,无法有效区分语法内容,这些都导致他们在口语表达和书面写作中出现很多的语法错误。实际上,英语语法有其自身的规律,教师在开展语法知识教学时应在遵循系统性原则的基础上,引导学生认清语法项目之间的关系,帮助学生完善语法知识系统,使学生系统地掌握语法知识。

(三)大学英语语法知识混合式教学的建构策略

1. 利用网络多媒体呈现知识,并进行课后拓展

网络多媒体等先进教育技术手段的利用有利于在语法知识教学中创造轻松、愉快的气氛,降低学生的学习焦虑,并有效调动他们的学习积极性,使他们积极进行思考,提高思辨能力与学习效果。具体来说,在语法知识教学中采取网络多媒体教学法可从以下几个方面入手。

(1)利用课件呈现语法知识点

现如今,网络多媒体已广泛运用于英语教学中,教师可以充分利用网络多媒体课件,将语法知识点、语法句型等呈现给学生,从而通过生动、形象的输入来帮助学生进行理解与记忆。

(2)采用课后自主拓展模式

网络媒体教学对于激发学生的能动性、提高学生的自主学习能力十分有利。课堂教学时间是有限的,学生很难通过课堂掌握所有的语法知识,但网络环境下的语法知识教学要求学生在课后进行自主学习,这就有效弥补了课堂教学的不足。借助网络,教师可以创建一个讨论组,实现资源共享。在讨论组中,教师将预先设计好的指导性问题和相关内容上传,学生可以提前进行预习,并在课堂上提出问题,大家参与讨论。

2. 利用翻转课堂,完善课前与课堂教学

翻转课堂是一种有效的教学模式,它的理念与大学英语语法教学相契合,而且能有效改善英语语法教学的现状,提高英语语法教学的效果。

具体而言,英语语法翻译课堂教学流程主要包含六个阶段:教师课前准备阶段、学生课前学习阶段、教师与学生课前互动阶段、学生课堂检测阶段、学生知识内化阶段和学生知识巩固阶段,如图 3-4 所示。教师可根据这一流程来开展语法知识教学。

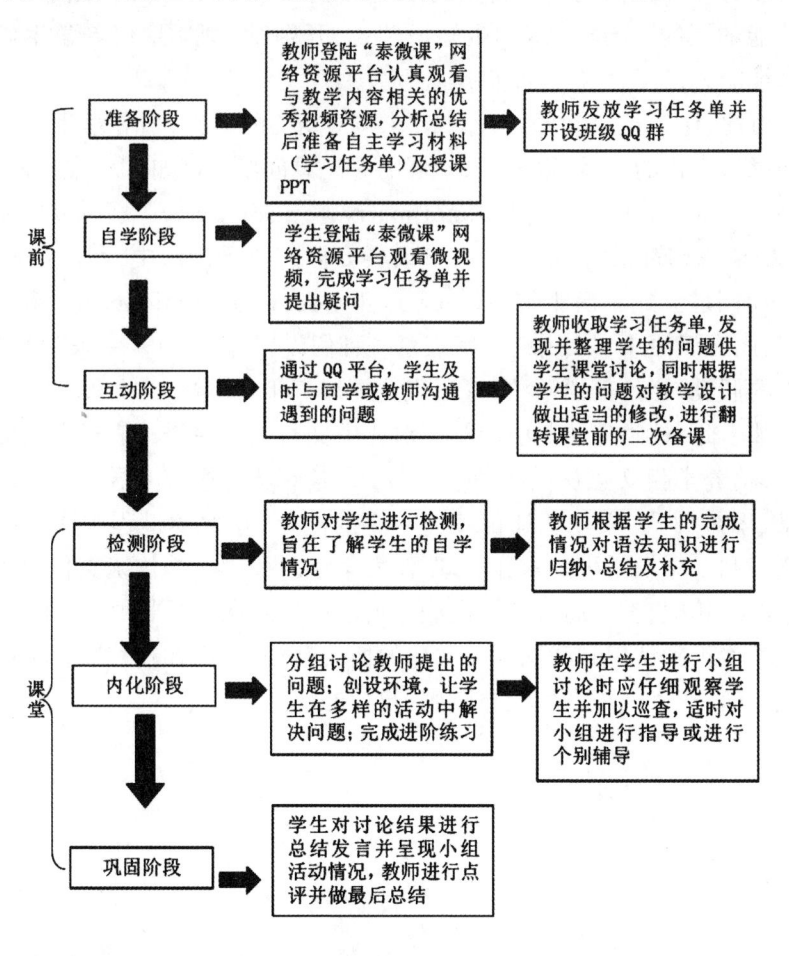

课前

- **准备阶段** → 教师登陆"泰微课"网络资源平台认真观看与教学内容相关的优秀视频资源,分析总结后准备自主学习材料(学习任务单)及授课PPT → 教师发放学习任务单并开设班级 QQ 群
- **自学阶段** → 学生登陆"泰微课"网络资源平台观看微视频,完成学习任务单并提出疑问
- **互动阶段** → 通过 QQ 平台,学生及时与同学或教师沟通遇到的问题 → 教师收取学习任务单,发现并整理学生的问题供学生课堂讨论,同时根据学生的问题对教学设计做出适当的修改,进行翻转课堂前的二次备课

课堂

- **检测阶段** → 教师对学生进行检测,旨在了解学生的自学情况 → 教师根据学生的完成情况对语法知识进行归纳、总结及补充
- **内化阶段** → 分组讨论教师提出的问题;创设环境,让学生在多样的活动中解决问题;完成进阶练习 → 教师在学生进行小组讨论时仔细观察学生并加以巡查,适时对小组进行指导或进行个别辅导
- **巩固阶段** → 学生对讨论结果进行总结发言并呈现小组活动情况,教师进行点评并做最后总结

图 3-4 英语语法翻转课堂教学流程

(资料来源:毛婷婷,2019)

(四)基于课程思政理念的英语语法教学创新对策

英语具有人文性、工具性,英语教师不仅要注重引导学生掌握语法知识,熟练运用英语沟通交流,还应注重培养学生情感能力,对比英语语法与汉语语法之间的不同,培养学生跨文化意识与学习能力,为学生健康可持续发展夯实基础。由此可见,英语教师不仅要注重语法知识教学、传授英语知识和技能,同时也要增强学生文化自信、尊重他国文化,并将教育目标拔高到情感价值的高度,让学生在掌握英语语法知识、语言技能的同时,也能丰富学生知识储备、开阔学生眼界、培养学生创造性思维能力,进而引导学生健康长远发展。

因此,作为英语教师,应坚持"求同存异"的原则,引导学生在尊重不同思想文化的发展,以辩证、发展的眼光看问题。例如,以"虚拟语气"为例,"If we were alive, I would marry you some day."翻译成中文就是"如果我们都活着,我将来有一天要娶你",英语语法中,利用"If+主语+动词过去式+后半句主语+would/should/could/might+do"来描述将来,而在汉语中,"如果"二字表示一种假设,"如果"+"将来"就是对未来的假设,相比英语语法,汉语表达更加直接、简单。

基于此,教师应注重引导学生对比中文与英文在语法表达方面的异同点,培养学生文化认同感,英语语法课本多以英语为母语的国家文化背景,思维模式、文化认知都存在一定的固化,在教学过程中渗透中国文化有利于激发学生的求异心理,激发学生对我国优秀传统文化的认知和认同。其次,教师通过汉语语法与英语语法对比,增强学生文化自信,并让学生正确认识到我国优秀文化的博大精深,进而在潜移默化中增强文化自信,产生强烈的民族自豪感、自信心。

第二节　大学英语听说技能的混合式教学

一、大学英语听力技能的混合式教学

（一）听力技能简述

随着听力的作用逐渐凸显，很多应用语言学家提出听力是语言学的重要手段，并且开始了对听力的研究。

听力理解就是利用大脑中已有知识，对听力材料进行正确的理解，是一个从语音信号识别到语义构建的极复杂过程。

在听、说、读、写这四项技能中，听往往被认为是接受性的一项技能，但并不能说听就是一个被动的过程，而应该认为听是一项非常主动的活动，是一个积极地处理信息的过程。根据心理语言学的研究，听的过程与人的记忆力关系非常密切。人的记忆力（图3-5）划分为三种，即感知记忆、短时记忆和长时记忆三种，三者所承担的任务不同，构成一个完整地对信息加以处理的系统。

感觉器官 → 感知记忆 → 短时记忆 → 长时记忆

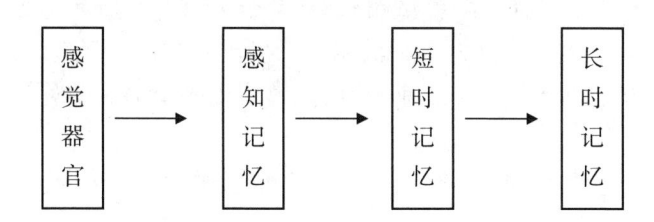

图 3-5　记忆的过程[①]

外部的信息经过人类的感官，会保持一个较短的时间，这就是感知记忆，指的是外部刺激以一个非常短的时间呈现之后，一些信息会通过感觉器官输入并登记在头脑中，形成瞬时的记忆。显然，这是信息加工

[①] 崔刚，罗立胜.英语教学理论与实践[M].北京：对外经济贸易大学出版社，2006.

的第一阶段。

短时记忆指的是信息呈现之后,保持一分钟时间的记忆。其与感知记忆不同,感知记忆中的信息并未进行加工,是一种不被意识到的记忆,但是短时记忆是经过加工的,是一种活动的记忆。

长时记忆指的是学习材料经过复述或者复习之后,在头脑中长久存储的一种记忆。可以说,长时记忆是一个信息库,其中的容量是无限的,可以将一个人的对于世界的一切认识存储起来,并为他的活动提供基础和依据。

根据三种记忆的阶段,听的心理机制可以归纳为以下三点。

在第一阶段,声音通过人的感觉器官进行感觉记忆,并根据自身已有的知识,将这些信息转向有意义的单位。在感知记忆中,信息存储的时间非常短,听者需要把握时间对这些信息加以整体。人们在听母语的时候,这种感知记忆是非常容易实现的,但是如果听的是外语,那么就会出现一系列问题,甚至很多时候人们还没处理完信息,新的信息又进入了,导致自身没听懂。

在第二阶段,信息处理在短时记忆中实现,当然这一过程也是非常短暂的。在短时记忆阶段,听者将听到信息与自身在长时记忆中的存储信息进行对比,将记忆中的信息展开充足,从而构筑新的命题。听者需要对语流加以切分,当然切分的目的在于获取意义,当获取了意义之后,听者就会忘却具体的词汇、语句。显然,在这一阶段,处理的速度是非常关键的。已有的信息必须在新的信息进入之前就需要处理完成,当然这很容易使学习者的脑容量超载,甚至很多时候无法从信息中获取意义。但是随着学习者听力水平的增加,他们具备了一定的知识储备,那么对信息的处理能力也会加速,从而能够留出多余的时间处理那些较困难的信息。

在第三阶段,听者会将所获取的意义转向长时记忆中进行存储,并与自身的信息紧密联系起来,从而对命题的意义进行确立。如果新输入的信息与自身的已知信息能够匹配,那么就说明这些新信息容易理解。在这一阶段,如果形成的命题与长时记忆中的固有信息紧密联系的时候,大脑往往会通过积极思维展开分析与归纳,从而使这些信息连贯起来,构筑新的意义,最后储存在自身的长时记忆中。

(二)大学英语听力技能混合式教学的原则

1. 激发兴趣原则

听力能力的提高需要一个过程,不能一蹴而就,而且需要不断地练习和努力,很多学生由于自己听力能力不佳,加上进步缓慢,因此对听力学习缺乏兴趣。然而,兴趣对于英语听力学习至关重要,因此教师在开展听力教学时要有意识地激发学生的兴趣,也就是遵循激发兴趣原则。具体而言,教师在进行听力教学之前,首先应该对学生的兴趣点有准确的把握,然后依据他们的兴趣点采用合理的教学方法,激发他们的兴趣和积极性,从而不断提升学生的听力水平。

2. 情境性原则

听力是交际的重要方式,学生只有在自然、真实的环境中,才能与环境产生相应的互动,获得真实的语言体验。很多教师往往都有这样的感受,即教师竭尽全力鼓励学生参与课堂活动,但学生依然对听力学习缺乏兴趣,听力课堂死气沉沉。

事实上,教学氛围良好,师生才能够实现良好的互动。教师发挥自身的主导作用,学生发挥自身的主体作用,在民主和活跃的氛围中,更好地提升学生的听力水平。

(三)大学英语听力技能混合式教学的建构策略

1. 建立多元化考核机制

在评价体系上,大学英语听力混合式教学要求以学生的专业能力、综合素养等作为教学目标,提倡学生展开自主学习与协作学习,这就要求在评价中必须打破传统的评价方式。英语听力混合式教学要求采用多元评价考核机制,即教师考评、学生自评、同学互评等相结合,实行终结性评价与形成评价相融合,使学生从被评对象变成主人,而教师从单一的评价者变成评价的组织者。

2. 合理设计听力翻转课堂

在课堂教学开始之前,教师需要布置好音频与视频材料,学生自行听这些材料。在课堂开始后,教师主要负责引导,他们不再对材料进行详细的讲解,仅仅是对答案,而是将更多的时间为学生讲解听力技能上,然后为学生介绍相关的背景知识。课堂形式的展开方式有很多种,可以是表演形式,也可以是讨论形式等。

教师除了应用教材外,还可以自己录制或者应用他人录制好的音频或者视频,在录制时,设置相应的生词、短语以及句型,并添加一些跨文化背景知识。

(四)基于课程思政理念的英语听力教学创新对策

1. 教学目标上设定隐性育人目标

教学目标分为两类:显性目标和隐性目标。显性目标与学习外语知识和技能相关,隐性目标与思政育人有关。教师在顶层设计上就要把育人目标与知识和技能目标相统一融合。如何使学生在英语新闻的学习过程中既能正确客观地看待西方文化,同时又能培养他们的批判性思维和文化自信,是教师在设计课程目标时的关键一环。在设计新闻听力教学目标时,不仅包括了学生掌握新闻听力的相关语言知识和技能的显性目标,同时将培养学生跨文化交际能力、批判性思维和文化自信等设定为价值塑造的隐性育人目标。帮小组成员筛选有助于学生建立跨文化交流意识和增强文化自信的内容,如能体现政治认同、家国情怀、道德修养、批判性思维等新闻,从而实现价值塑造的教学目标。

2. 教学内容上挖掘思政元素

素材是外语课程教学的重要载体,是推动外语"课程思政"育人目标实现的重要环节。在选择新闻听力素材时,教师可以通过多种渠道如 *China Daily* 等新闻公众号、流利阅读 App、纸媒等,不仅要注重内容的时效性、话题的多样性,更要加深对思政元素的挖掘、融入、提炼和拓展,让育人的目标能够落小、落细、落实。

3.教学方法上融入思政育人

课程思政最重要的实践环节就是课堂教学。学生是学习的主体,只有充分发挥学生学习的主动性,激发他们的学习兴趣,才能取得好的学习效果。学生由于对英语新闻听力有畏惧心理,所以教师要从情感角度出发,从大家熟悉的国内新闻话题入手,让学生逐步掌握英语新闻的语言和文体特点。这样既能缓解他们的学习焦虑,提高他们的学习兴趣,也有利于消除学生的"母语文化失声"现象,更加坚定学生的文化自信。

在实际工作中,大学英语听力教师有必要将建构主义理论用于教学设计和教学活动指导,积极更新教学理念,不断创新教学模式。建构主义教学模式表现为,学生是教学活动的主体,教师围绕学生的个性发展与学习需求设计教学活动,教学过程中,教师角色由传统的主导者转变为组织者、引导者及帮助者,能够巧妙创设写作、会话等情境激发学生的学习热情和提高学习兴趣;学生能够在教学活动中充分发挥主动性,积极参与教学活动,真正实现知识建构。在建构主义理论中,学生是知识和意义的建构者,能够主动完成意义建构,教师主要扮演意义建构的组织者、引导者、帮助者及促进者。学生完成意义建构的知识主要来自教材,而不是教师的讲授。在教学过程中,教师应用的媒体不仅仅是知识讲授的手段和途径,而且是情境创设的工具。

二、大学英语口语技能的混合式教学

(一)口语技能简述

在18世纪,对于言语的研究主要关注于如何对语法进行正确的使用。即便如此,优雅的语言逐渐成为人们对语言进行准确使用的目标。这一时期语法翻译法盛行。这一方法是用母语来讲述外语的一种方法,在外语教学中,这一方法有着极大的影响力,并在很长的一段时间存在。因此,虽然人们对于口语语言存在着很大的兴趣,但是对当时的教育影响不大。

19世纪,随着语言教学的推进,口语理论也发生了巨大改变,这一改变尤其体现在欧洲使用的语法翻译理论被80年代的改革运动取代。在这一时期,出现了自然法、谈话法、直接法、交际法等听说领先的教学方法。

到了20世纪50年代,情境教学法在法国兴起,并先后流传于英国、南斯拉夫等国家。随着录音技术的进步以及彩色出版物的出现,口语言学习成为焦点。虽然口语被运用到自然的教学中,但实际形式并不是展开自然的交流。因为要练习语法结构,必然对口语交流进行限制,因此20世纪上半期的口语技能教学理论实际上是自相矛盾的。

在20世纪70年代,外语教学越来越多地受到了认知理论和社会语言学理论的影响。很多语言学家也逐渐认识到,听说法将语言交际的两个层面忽略了,即过分重视语言的结构形式,忽视语言的内容与意义。并且,听说法比较具有机械性,使得句型操练脱离了具体的语境,很难培养和提升学生的交际能力。显然这一教学法对于交际过分强调,并认为英语教学不应该如同语法翻译法那样对于语法过分强调,也不能像听说法那样对于结构过分强调,而应该从语言的表意功能出发。这样做可以将学生的中心体现出来,基于学生的实际情况对教学内容加以选择,对教学目标进行合理的确定。显然,这一教学法主要目的在于培养学生的交际能力。受到20世纪60年代乔姆斯基著作的影响并伴随着20世纪70、80年代"交际法"的不断壮大,语言教学领域朝着两个方向分化,并且这两方面都对当今人们对口语形式的认识产生了一定的影响。

近些年,一些学者又提出了任务型口语技能教学的理论,这一模式是基于二语习得理念建构起来的,同时也吸收了交际法的精髓。任务型口语技能教学将交际意义视作中心,主要为了学生的交际能力服务。但是,由于其过分强调交际,这会让学生过分依赖交际策略,甚至也会将注意力转移到交际上,因此会一定程度上丧失对整体性的理解。

(二)大学英语口语技能混合式教学的原则

在大学英语口语教学中,教师应遵循科学的教学原则,以有效提高学生的口语水平,提升教学的效率。具体而言,可遵循以下几项原则。

第三章　建构主义视角下大学英语混合式教学的内容创新

1. 先听后说原则

在英语语言技能中,听和说相辅相成,听是说的基础,俗话说"耳熟能详",只有认真听、反复听、坚持听,才能最终说一口流利的英语。因此,英语口语教学应当坚持先听后说原则,即教师首先应注意加强学生听的能力,其次才是说的能力。只有坚持先听后说原则,才能帮助学生掌握正确的发音,为训练口语能力打下良好基础。

2. 互动原则

口语训练本身非常枯燥,长期的枯燥训练会让学生失去学习的兴趣和积极性。因此,在口语教学中,教师要坚持互动原则,不能不管不顾学生的学习进度。在口语训练时,教师应该努力使其具有互动性,这种互动性能有效提升学生的学习兴趣。另外,为了保证互动性,教师应该为学生设计一些互动性的话题,让学生展开互动训练。

(三)大学英语口语技能混合式教学的建构策略

1. 课前线上翻转预习

大学英语口语教学是建立在英语综合教程基础上的。在课前,预习主要是线上的预习。教师在设置预习任务的时候,应该从单元主题出发,采用如问题讨论形式、朗读形式、角色扮演等多种形式,便于学生展开移动学习,为课堂教学的展开做铺垫。

同时,学生应该采用网络技术,对相关英文文章、视频等进行搜索,对课堂口语学习任务进行准备。通过线上学习,学生展开英语语言的输入与输出,能一定程度上增强学生口语表达的自信心。这种模式将传统的讲授式教学进行颠覆,实现了从教到学的转变,也调动了学生学习的积极性。

2. 课中线下交流+语音训练

在课堂上,教师检查学生口语任务的完成情况,教师的角色也发生了转变,从操控者逐渐向指导者转变。在课堂上,口语活动除了面对面交流,还可以通过语音来参与,这样可以使学生都参与其中,增强学生参与课堂的程度。

教师对学生的口语情况进行反馈,分析学生的口语流利情况、语音情况、词汇是否多样、语法是否准确等,有助于让学生更有效地进行学习。在课堂中,教师可以利用慕课资源,对学生的口语教学进行辅助,实现课堂与网络之间的融合,提升大学英语口语教学的质量。

大学英语口语课堂教学是建立在其他技能教学的基础上。因此,学生在听的基础上展开讨论与复述,这其实是在促进说的能力。

3. 课后线上+线下拓展学习

在课堂结束之后,学生可以运用网络技术展开线上与线下的学习。学生可以利用网络技术进行重复练习,对自己的学习效果加以巩固,提升自己的口语准确度与流利性。教师从课堂教学出发,为学生布置新的交互活动,如话题讨论、角色扮演等,学生在线下进行准备,然后通过手机录像上传,教师可以选取其中一部分在下一节课进行展示和评论。

(四)基于课程思政理念的英语口语教学创新对策

1. 借助"讲好中国故事"融入课程思政

在口语教学中开辟"用英语讲中国故事"专题,是落实好大学英语课程思政的有效途径,也是实现提高学生语言应用能力和文化自信双目标的最恰当方式。对接国家"走出去"的文化战略,传播中国声音,传承中国文化,讲好中国故事,将是口语教学转换的重点。

如何找到中国故事的适合的表达形式,如何助力推广具有独特魅力的中国文化内涵,如何扩大世界的知名度和认可度,理解度,是未来英语口语教学将要解决的主要问题。而如何选取合适的经典的中国文化、中国故事进行海外传播，以及怎样以喜闻乐见的讲述方式让世界爱上中国文化，怎样的教学形式开展教学，怎样从实际应用上提高学生的口语表达能力和讲中国故事的能力，是所有英语教师应该思考的课题。

当今世界，平等、协商、共存、发展成为国际社会的主旋律，而扩大共识，促进人类和谐共同发展，讲好中国故事成了中国新的对外宣传策略之一。英语作为国际通用语，成了传递中国声音最好的媒介。青年学子用英语讲好中国故事不但能够传播中国文化和价值观，还有利于提升讲述者的跨文化交际能力和建立民族文化自信，也有利于更好介绍中国道路和中国特色，展示中国的文化魅力和张力。

中华文化，中国精神和中国故事，是每一个中国人都应该了解并且能够传诵的，这是对每一位华人的基本要求。由于信息时代大爆炸的特殊性，很多当代青年对中华传统文化处在一知半解的状态，更不能用英语讲述出中国故事。将讲中国故事直接纳入英语教学课堂，可以有效解决这个问题，并激发深藏在青年学生心底对中国文化的热爱之情。

要向全世界讲述好中国故事，就要使用海外听众乐于接受的语言组织形式，故事内容的选择和呈现逻辑要符合听众的思维方式，这样的故事传播效果才会理想，故事的讲述才能达到预期的效果。因此，只有学好英语口语，了解英语口语的表达方式和思维方式，充分把中国故事和英语口语结合起来，才能达到预期目标。

将讲好中国故事系列融入大学英语口语日常教学具有重要意义。

首先，从英语教改方面来讲，将口语教学和课程思政、中国文化紧密相连，采用先进的教学理念和教学方式，将提高口语教学的教学水平，教学效果和推进大学英语的改革进程。

其次，从学生角度来讲，将中国故事融入英语口语的主题，融入课堂，融入学生的英语学习当中，能够激发学生学习英语口语的动力和热情，一方面可以让学生更加深刻地了解博大精深的中国文化，另一方面可以训练和提高学生用英语讲述中国文化的能力。

最后，从文化自信角度来讲，文化自信是一个国家、一个民族根深蒂固的根基所在，具有不可比拟的生命力和力量。用英语讲中国故事，可以帮助学生更深层次地了解中国文化，增强学生的文化自信和民族自豪感，增强学生传播中华文化的积极性和热情，使其具备用世界语言讲述自己国家故事的能力,帮助学生传承中华文脉,富有中国心、饱含中国情、充满中国味。

2. 以学生为中心的体验式教学

在大学英语口语教学的过程中,应该将从教师为中心转变为学生为中心,从学生被动地接受知识到学生能够自主地积极地探索学习英语口语的奥秘。大学英语教师应该充分地贯彻学生为主体教师为主导的教学理念,把重心从教向学转移。要想让学生从心底喜欢英语口语首先要激发学生潜在地学习英语口语的积极性,只有学生想要张口去说,才能够更好地提高他们的英语口语能力。因此,应该发挥大学英语教师的主导作用,教师的角色也应该从传递讲解向支持帮助转变,积极地引导学生愿意开口讲英语,创造出一种积极向上的口语表达环境,并且给予学生充分的信任与鼓励。

在大学英语口语课堂练习中,其主要目的是锻炼学生的口语能力,给学生提供更多的口语练习机会。教师的角色也应该从课堂的控制者向指导者和参与者转变。在整个教学过程中,应该充分地发挥学生的能动性和主体地位,以此来增加学生的自信心,激发学生学习英语口语的积极性。在学生的英语口语表达过程中出现的错误,大学英语教师应该采用一种宽容的态度,不可过于苛刻。如果口语练习是为了让学生更好地掌握有巩固语法,大学英语教师可以采用立即更正的态度,提高学生的口语准确性。但是,英语口语练习的最终目的是促进人们之间的交流,提高学习者的口语流利性。大学英语教师可以适当地放宽标准,掌握合理的教学方法,既要有效地纠正学生的口语错误,又要保护学习者的自尊心,避免丧失学习英语的乐趣。

建构主义主要倡导给学习者创造真实的情境体验,并且认为只有在真实性高的情境下学生才会对学习的内容有更好地理解和认识。因此,为了提高大学生英语口语的交际和表达能力,在教学过程中,教师应该精心地组织和设计真实性高的学习情境,从而更好地引导和帮助学生学习与构建知识框架。在上课之前,教师可以和学生进行交谈,充分地了解学生的个性与特点拉近教师和学生的距离。在课上进行一些角色扮演活动,教师可以根据本节课的重点与难点,给学生设置具体的情景,让学生自己组织活动。并让学生分组上台展示。最后,教师和小组成员通过对各组的表演进行评价,通过这种有趣的小组活动,能够让学生在真实性高的语境中积极主动地思考,不断锻炼自己的英语口语能力。

第三节　大学英语读写译技能的混合式教学

一、大学英语阅读技能的混合式教学

(一)阅读技能简述

在学生学习英语时,阅读是必须要掌握的一项技能,这也是对学生英语水平进行衡量的一项重要指标。通过阅读,学生可以获得丰富的信息,感受语言带给自己的文化魅力。但是,阅读并不是简单地接收信息的过程,还是一种复杂的交际与思维活动,其不仅受到语言能力的影响,还会受到文化因素的影响。因此,在阅读技能教学中,只有重视对文化内容的教授,并将跨文化内容融入英语阅读实践中,才能真正地提升学生的阅读理解与应用能力。阅读要遵循一些基本的模式,具体包含如下几种模式。

1.自下而上模式

自下而上模式起源于19世纪中期,是一种较为传统的阅读模式。所谓自下而上,即从低级的单位向高级的单位加工的过程,低级的单位即基本的字母单位,高级的单位如词、句、语义等,从对文字符号的书写转向对意义的理解的过程。

也就是说,自下而上的阅读模式是从对字母的理解转向对文本意义的理解。显然,这一过程是有层次、有组织的。因此,读者要想对语篇有所理解,就必须从基本的字母入手,理解某个词的意思,进而理解句子、语篇的意义。

2. 自上而下模式

自上而下的模式与自下而上的模式正好是相反的,产生于20世纪60年代,是读者基于自己的知识结构,通过预测、检验等手段对阅读材料进行加工理解的过程。自上而下的阅读模式是以读者作为中心,侧重于读者自身的背景知识、自身的兴趣对阅读产生的影响。

著名学者古德曼(Goodman)指出,阅读可以被视作一种猜字游戏,读者运用自身固有的知识结构,减少对字母等的约束和依赖。在阅读中,读者需要对语篇结构进行预测,并从自身的知识出发理解语篇。

3. 交互作用模式

交互作用模式起源于20世纪80年代,这一模式即运用各个层面的信息来建构文本。但是,交互作用模式是一种双向的模式。交互作用模式是将上述两种模式融合为一起,涉及两个层面的内容。

第一,读者与语篇之间的相互作用。

第二,较高层次技能与较低层次技能之间的相互作用。

就文本理解而言,自上而下的模式相对来说比较重要;就词汇、语法结构而言,自下而上的模式相对来说比较重要。如果将两种模式的精华提取出来并加以综合,就成了交互作用模式,其便于对语篇的整体理解。可见,这一模式是最为实用的模式。

(二)大学英语阅读技能混合式教学的原则

1. 重在理解原则

众所周知,大学英语阅读教学与其他教学一样,教师将更多的关注点放在教学检测结果上,而阅读理解中的理解却被忽视。实际上,成功完成阅读的关键就在于完善与监控阅读理解。为了能够让学生学会理解,可以从学生的自我检测入手,并鼓励他们同教师探讨具体的理解策略,这是元认知与认知过程的紧密结合。

第三章 建构主义视角下大学英语混合式教学的内容创新

2. 准确性与流畅度相结合原则

大学英语阅读教学存在一个严重的困难就是,虽然学生具备了阅读的能力,但是很难进行流畅的阅读。也就是说,当前很多教师将关注点放在学生阅读的准确性上,而忽视了学生阅读的流畅性。这就要求教师在阅读教学中应该找寻一个平衡点,不仅要帮助学生提高阅读的速度,还要保证学生阅读的流畅性,这是阅读教学培养速度的最终目的。

(三)大学英语阅读技能混合式教学法的建构策略

1. 课内外与线上、线下有效结合

在大学英语阅读教学中运用混合式教学,英语教师要将课内外教学与线上、线下教学相融合。

首先,在课堂上,主要是教师引导学生对课文展开篇章阅读,使学生能够对阅读技巧与方法加以掌握。

其次,在课外的阅读学习中,教师可以为学生布置一些任务,让学生在课下完成,同时要求学生多阅读一些相关的名著、报纸与期刊,让学生对文章主旨大意有所了解,从而培养学生的阅读习惯。

2. 构建阅读文化图式

图式理论指出阅读的本质在于读者及读者大脑中所理解的相关主题知识与阅读材料的文字信息之间不断交互的过程。图式理论凸显文化背景知识的重要性,并不忽视词汇、语法在阅读中的意义。具体来说,其包含三大步骤。

读前阶段即信息导入阶段。在这一阶段,要发挥图式在阅读之前的预测作用。教师应该组织学生参加一些讨论与预测,从而激活学生的大脑图式。一般而言,采用的是自上而下的阅读,学生将头脑中的先验知识与文本结合起来,激活学生的图式,并建构新的图式,为他们的阅读学习奠定基础。

读中阶段即文化渗透阶段。在这一阶段,要发挥图式的信息处理功能。学生根据自上而下的模式,对文章的整体思路进行探究,从而建构内容图式与阅读技巧。

读后阶段是文化拓展阶段。在这一阶段,要发挥出图式的记忆组织功能。教师可以通过各种活动对学生的新图式加以巩固,如辩论、角色扮演、讨论等。图式理论指出学生存储在大脑中的图式越丰富,学生的预测能力就越强。因此,课外阅读是非常重要的。

具体可以通过图3-6体现出来。

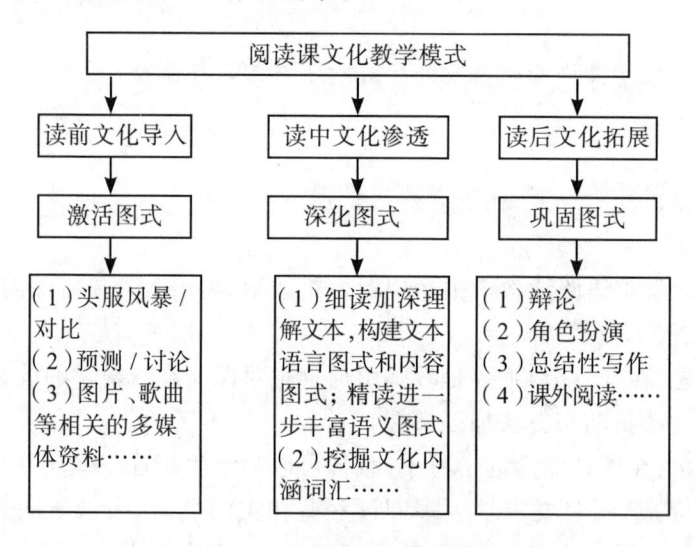

```
                  ┌─────────────────┐
                  │  阅读课文化教学模式  │
                  └─────────────────┘
         ┌────────────┼────────────┐
    ┌─────────┐  ┌─────────┐  ┌─────────┐
    │ 读前文化导入 │  │ 读中文化渗透 │  │ 读后文化拓展 │
    └─────────┘  └─────────┘  └─────────┘
         │            │            │
    ┌─────────┐  ┌─────────┐  ┌─────────┐
    │  激活图式  │  │  深化图式  │  │  巩固图式  │
    └─────────┘  └─────────┘  └─────────┘
         │            │            │
   ┌──────────┐ ┌──────────┐ ┌──────────┐
   │(1)头脑风暴/│ │(1)细读加深理│ │(1)辩论    │
   │  对比     │ │解文本,构建文│ │(2)角色扮演 │
   │(2)预测/讨论│ │本语言图式和 │ │(3)总结性写作│
   │(3)图片、歌曲│ │内容图式;精读│ │(4)课外阅读…│
   │等相关的多媒│ │进一步丰富语 │ │           │
   │体资料……   │ │义图式      │ │           │
   │          │ │(2)挖掘文化内│ │           │
   │          │ │涵词汇……    │ │           │
   └──────────┘ └──────────┘ └──────────┘
```

图3-6 阅读文化图式模式

(资料来源:马苹惠,2016)

(四)基于课程思政理念的英语阅读教学创新对策

将课程思政与英语阅读课程融合时,教师要在对课程内容完全掌握的基础上,去探究教学内容中所涉及的思想政治层面的知识点,把语言的表达能力和思政教育进行有效融合,以此来实现育人的目标。具体实施路径如下:

1. 积极挖掘思政要素,对教学材料进行补充

《高等学校课程思政建设指导纲要》明确指出,把提升人才培养水

第三章 建构主义视角下大学英语混合式教学的内容创新

平作为课程思政建设的关键点,对体制和机制进行全面的完善,以此来促进中国高校立德树人的效果。并且,《高等学校课程思政建设指导纲要》对课程思政建设的内容提出了实质性的要求。因此,在思政元素的挖掘过程中,教师应注重教学材料的选材,取材的覆盖面要广,要将侧重点放在如何融入中国传统文化和培养学生社会主义核心价值观。

2.根据课程目标,采用多元化教学模式与教学方法

即使教材是固定不变的,不过教师可以结合每个学生的实际情况,将教学内容和模式进行改进,让每一个学生都能接受教师所传授的知识。

要想把课程思政和英语阅读教学进行有效结合,并且实现育人的成效,教师要改变传统的教学模式,积极探索全新的教学理念和模式,将政治思想教育、语言应用能力提升、人文素养培养巧妙融合,使学生在"学中用,用中学"。按照课程的要求和每个学生的不同的情况,教师可以将线上和线下教学进行相融合,采用任务型教学法、案例教学法、项目驱动法、翻转课堂、混合式教学法来协助学生完成各种任务,使学生在参与的过程中不断提高英语基础能力及英语应用能力,从而提升价值引领效果。

课前:教师要充分挖掘教材中所涵盖的德育教学资源,并且将涉及中华优秀传统文化和社会主义核心价值观领域的内容进行提炼和补充,确保教学资源的充足性和创新性。

其次,借助新媒体网络资源,整合名校名师优质在线课程、教学资料库等资源,通过线上教学平台(课堂派、云班课、雨课堂等)引导实验班学生完成课前自主学习、开展学习讨论交流。制作微课视频,借助网络平台发布相关"课堂思政"内容,以进一步满足学生的需求。课中:采用《英语专业阅读教程——综合阅读》《英语专业阅读教程——文学阅读》《英语专业阅读教程——批判性阅读与写作》中的基本教学内容,以课程思政为目的进行英语阅读教学多元内容"课堂教学",运用任务型教学法、案例教学法、项目驱动法、翻转课堂、混合式教学法等来协助学生完成相关的语言应用任务,在润物细无声中实现知识传授与价值引领的有机统一,在潜移默化中完成"课程思政"育人目标。具体教学模式如图3-7所示:

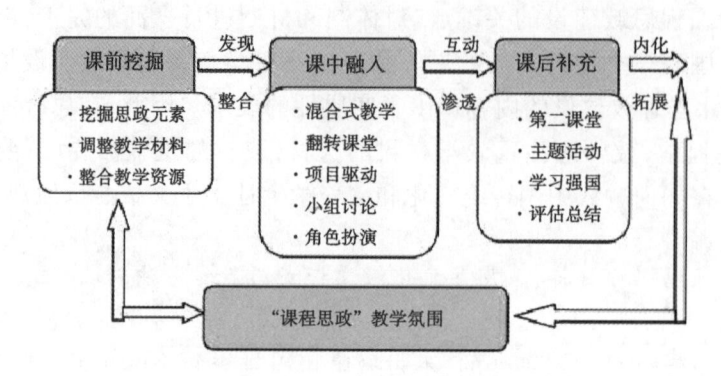

```
课前挖掘          课中融入          课后补充
 发现              互动              内化
·挖掘思政元素    ·混合式教学      ·第二课堂
 整合             ·翻转课堂   渗透 ·主题活动   拓展
·调整教学材料    ·项目驱动        ·学习强国
·整合教学资源    ·小组讨论        ·评估总结
                  ·角色扮演

              "课程思政"教学氛围
```

图 3-7　课程思政融入英语阅读教学模式

3. 激活第二课堂,提升文化素养

课程思政融入英语阅读教学是一项系统性项目,因此,授课教师应该将"第一课堂"与"第二课堂"有机结合,实现课内激活,课外拓展。第一课堂与第二课堂的有效结合,既有助于增加英语专业学生的英语语言输入,锻炼学生的思维和创新能力,又能够提升学生的语言技能和文化素养。要想提升高质量文化输出的能力,必须要建立在优质文化输入的基础上,所以,教师布置的课后作业需要经过精心准备,在指导学生做课后作业过程中进行语言基础能力的提升,同时也能让他们主动去关注中国文化相关的内容。教师可结合学生具体实际,推荐相关的英语或双语读物,督促学生进行课外阅读,在美文熏陶中感受中国文化的底蕴,并通过课堂演讲、读书报告、读书分享会等形式进行输出练习。

此外,教师还可将"课内(课堂教学)+课外(第二课堂校园文化活动)"两者结合,在开展第二课堂校园文化活动时要有明确的计划和目标,比如可以举办关于"红色英语"阅读朗读比赛、主题英语角等相关的活动,激发学生的爱国热情,传播仁爱精神,宣扬中华民族的道德理念。

在大学英语阅读教学中,教师要以学生为中心,构建与学生生活实际紧密联系的生活情境,给学生提供恰当的阅读资源,并且加强阅读学习策略方面的指导,从而激发学生的阅读兴趣。在大学英语阅读课堂上,教师要做学生的引路人,鼓励学生广泛阅读并为学生提供优秀的阅读资源。可以组织英语阅读角和阅读分享会来培养学生的阅读技能,这样不仅可以激发学生的英语阅读动机,还有助于学生深度加工文本的内容,深入把握主题意义,提高思维能力。

二、大学英语写作技能的混合式教学

(一)写作技能简述

1. 写作的定义与过程

写作是人们传达思想与情感的一种书面形式,其与口语具有同等的地位,不是口语的附属品,都属于对语言的重要输出。

写作的过程是非常复杂的,其需要复杂的思维,并受到知识、技能、风格、内容、结构等多个层面的影响和制约。如果要想写出一部完美的作品,首先需要保证风格的统一与结构的完整。

一般来说,写作的目的也是非常明确的。根据写作目的的不同,写作形式有论文、报告等多种形式。

通过写作,可以实现如下两大功能。

首先,为了学习语言而展开写作。通过写作,学生可以对自己所学的词汇、语法、语篇知识加以巩固。

其次,为了写作而展开写作。因为通过写作,学生可以将自身的观点表达出来,从而锻炼自身的手和脑,强化自身的写作学习,提升自身的写作能力。

简单来说,英语写作是运用书面形式传达思想与情感的。但是,语言与文化关系密切,是否能够准确地理解文化对写作有着直接的影响。汉语往往呈现整体性与象征性,而英语呈现的是逻辑性与明确性,因此在写作时,学生切不可用汉语的思维展开英语写作,这样写出的文章很难让人理解。

写作是写作者将头脑中的信息转化成书面形式的过程,是一个非常复杂的心理活动。具体来说,写作过程可以归纳为如下几点。

(1)构思

构思即所谓的写作计划,是写作者按照一定的要求,在头脑中预先想好自己要准备什么、要表达什么,并在头脑中建构一定的脉络。在写作中,这一阶段非常重要。

构思是一种思维能力,也是一种方法。在进行写作时,除了要在头脑中搜寻与写作相关的材料与信息,还要对其进行加工与组织,这就是所谓的谋篇布局。显然,在写作者的头脑中,要先建构一个缜密、严谨的文章轮廓。

(2)转译

转译是将作者头脑中的构思转化成文字符号的过程,即将写作者的所想用文字表达出来的过程。在写作过程中,涉及多种转译,具体来说包含三级转译。

第一级转译:从头脑思维转向内部言语。

第二级转译:从内部言语转向外部言语。

第三级转译:从外部言语转向书面文字。

显然,写作转译的过程是起草的过程,是将写作者头脑中的思维转化成文本的过程。当然,在起草初稿的过程中,要求写作者建构文章而定整体结构,并且使得文章的内容与主题相符合,同时兼顾语法、标点等内容。

(3)修改

初稿完成之后就需要修改,即所谓的润色与加工阶段。只有润色与加工之后才可以定稿。修改涉及写作者对初稿的文章脉络、内容、语法、标点等进行修改。在西方学界,修改受到高度重视,因为修改被定义为一种再创造的过程。具体来说,修改包含三个层面。

宏观修改,指从整体出发对文章的脉络等进行修改,包括内容、风格、文体等层面。

微观修改,即对文章的句子、段落等细节进行修改,保证句子与句子之间、段落与段落之间的完整性。

校读,即对语句、标点等技术性错误加以修改,保证文章的规范与通畅。

2. 写作能力

培养学生的英语写作能力是英语写作教学的目标。关于写作能力的问题,目前学界主要有以下四种观念。

(1)传统的写作能力观。传统的写作能力观认为正确使用语法、篇

第三章 建构主义视角下大学英语混合式教学的内容创新

章结构以及标点符号十分重要。根据这一观点,好的文章应该是具有自明性,也就是无论写作目标或读者群如何不同,文章从内容到形式都应确保意义明确。在这种观念影响下,写作教学的重点在于将书面语言与形式规范层面的知识传授给学生。

(2)认知的写作能力观。认知的写作能力观以信息加工理论为基础,认为良好的写作能力指的是能够使用一套写作修订策略,在对范文进行模仿、对写作进行评估之后,通过不断地修改,从而实现知识的重建。在这一观念下,写作教学应致力于提高学生使用写作策略的意识与能力。

(3)社会的写作能力观。社会的写作能力观认为,具备良好写作能力的写作者能掌握各种语类的表达形式。这样的语言表达可以使各种社会文化环境的交互要求都可以得到满足。话语方式可以代表一个社会群体的特点。在对写作者的写作能力进行衡量时,一方面要看其文章的语言与结构与规范是否相符,是否具有写作技巧,另一方面还要看写作者是否可以对某一社会团体的语言特征与知识特征进行有效表达。这种观念下,写作教学的重点是结合认识社会群体的交互特征,通过写作使学生的语用能力得到提高。

(4)后现代的写作能力观。后现代的写作能力观强调写作者通过文本将作者揭示与评判社会现实的能力体现出来。根据后现代的批评教育观,"学习语言的过程是学会和掌握一种力量,从而能够质疑、调整,甚至颠覆现有语言传统的过程。"[1] 使学生逐渐形成这样的意识与能力是教师的责任。在这种观念下,写作教学的重点在于培养学生通过写作对社会中的现实问题进行评价的能力。

上述几种观点是从不同角度对写作能力所进行的阐释,没有好坏之分。对这些观点进行了解,可以帮助教师对不同写作教材的侧重点进行比较与评价,就自己的教学目标、方法以及效果进行反思,从而改进教学。

综合上述观点,本书认为写作能力主要包括书写规范、端正,拼写与语法正确,语言通顺、主题突出,逻辑清晰、内容相对完整。

---

[1] 徐昉.英语写作教学与研究[M].北京:外语教学与研究出版社,2012:4.

（二）大学英语写作技能混合式教学的原则

1. 以学生为主体原则

在大学英语写作技能教学中，首先需要凸显学生的主体性，对学生的主体性予以尊重，从学生出发来展开教学。只有将学生的兴趣和积极性激发出来，提升学生的主观能动性，才能让学生占据主体的地位。当然，让学生占据主体性的方式有很多，其中最有效的一种手段就是小组讨论。另外，教师是否组织小组讨论、小组之间如何展开讨论属于过程教学法的内容，也是过程教学法的关键层面。教师在小组讨论中，不仅可以采用提问的形式，还可以采用卷入的形式，让学生集体进行作答，还可以采用互相帮助的形式。总体来说，应让学生参与其中，将学生的自主性发挥出来，进而让学生在活动中完成写作。

2. 注重范例引路

就学生而言，学生在进行英语写作时，往往会出现如下两点困境。
第一，想说很多话，但是不知道如何下笔。
第二，没有什么话说，或者只能说一点点，不能深入地进行探讨和分析。
因此，在写作技能教学中，教师应该帮助学生解决上述问题，其中最好的办法是让学生进行模仿。

在英语写作中，模仿这一方法非常有效，教师在让学生写作的时候，可以为学生提供一些精美范文，学生根据范文进行写作，这样他们写出的文章才能更合理、地道。

另外，教师也可以在学生写完之后为学生提供一些范文，让学生将自己写的内容与范文展开对比。这样有助于学生发现自己写作中的不足，找出自己写作中的问题，从而快速地提升自身的写作水平。需要指出的是，教师提供的范文应该在格式、内容、修辞等层面都能够对学生有所帮助，从而让他们真正掌握一些写作的知识。

（三）大学英语写作技能混合式教学的建构策略

1. 头脑风暴法

头脑风暴法是由美国奥斯提出的,是一种激发集体智慧产生和提出创新设想的思维方法。它广泛地用于创造性思维活动中,目的是诱发一些新奇问题中许多可能的思想或解决问题方法。头脑风暴法的核心是人的创造性想象力。头脑风暴法是为了克服阻碍产生创造性方案的遵从压力的一种相对简单的方法。它利用一种思想产生过程,鼓励提出任何种类的方案设计思想,同时禁止对各种方案的任何批评。

用头脑风暴寻找新的素材是一个激发想法和产生信息的好方法。简单来说,就是列出所有与话题有关的内容,可以由一个想法自由联想到另一个想法。因此,所列的顺序并不重要,要让思维围绕话题宽幅扩展。要把所想到的全部都记录下来,因为我们不可能知道哪一个信息过后会变得很有价值。要快速记录,如果停顿了,可以重读已写的信息,这样会有新的思路,运用头脑风暴策略进行写作的时间至少要多于5分钟。

"头脑风暴法"在写作教学中的应用有助于激励学生有创意的写作。使学生思维高度活跃,打破常规的思维方式而产生大量创造性设想的状况。学生在讨论过程中不断产生新观点。当学生认为已经把有关这个话题的观点都想到了时,就可以编辑清单的内容,形成一个初始提纲,将其融入写作当中。[①]

2. 理解修辞环境

修辞是需要修辞环境的,而这个环境也就是语境。如何结合上下文使修辞环境更适合所用修辞是一门学问。因为修辞分为抽象和具体两种,也就是所谓的消极和积极修辞。消极修辞需要准确,没有异议的修辞语境。积极修辞则需要能够感悟,体会的修辞语境,使人身临其境。

---

① 姜涛. 大学英语写作教学理论与实践[M]. 长春:吉林出版集团有限责任公司,2009.

修辞环境是交际的框架,在课堂中说的话与参加朋友聚会时说的话通常不同,因为所面对的人、所处的地点和所发生的事都不尽相同,写私人信件和实验报告也一定不同,因为目标读者不同。

为了理解写作的修辞环境,必须明确理解写作目的(purpose)、写作形式(forms of writing)、类型(genres)、作者和读者的角色(writer and reader role),以及语气(tone)。

(1)写作目的。写作目的是一个人对社会与人生的一种认识的升华,如同内心的一面镜子,照映着自己,能感觉到自己还是个有心的人。当学生准备写作时,要明确文章的写作目的,大多数文章都试图达到这样三种目的:自我表达(self expression)、说明(exposition)和劝说(persuasion)。自我表达的文章表明作者的经历、态度和感受,像日记、回忆录、私人信件都属于此类,当作者被要求写一个关于个人主题的文章时通常采用自我表达式的方式。

说明(exposition)指当作者关注某一主题,想要描述或阐释它时,他的目的就是说明。在写作很多文章中都包含这个目的,说明也仅仅限于学术写作,它在不同修辞环境中起重要的作用,主要是为读者分析某种社会问题或现象的成因、现况和建议解决方案。

劝说(persuasion)指当作者通过写作而促使读者在某些方面改变的话,他的目的就是劝说。劝说可以被看成是一个连续的过程,两端分别是唤起意识(creating awareness)和促使行动(provoking an action)。以劝说为目的的文章是要唤起人们对某一问题的意识。

(2)写作形式。我们通常用类型这个词来描述一个具体的写作形式,一些常见的类型有:学术文章、科研论文、正式信函、私人信件、电子邮件和正式报告等。在不同的情况下,我们需要选择不同文章类型。理解文章的类型所适用的修辞环境会提高写作的有效性,不断从多个维度、多个层面上,凭借写作渠源的多向开掘、写作内容的多维获取、写作思维的多元发散、写作形式的自主选择、写作评价的动态立体、写作文品的多级交流,形成一个完整、流畅、开放、大气的"运行链",以确保写作能力与素养的全面提升,进而为写作创新能力夯实基础。

(3)作者和读者的角色。写作是运用语言文字表达思想、交流情感的重要方式。从某种意义上说,写作的实质就是对话:原我与超我的对话、生命与世界的对话、作者与读者的对话。在我们看不见的地方,作者通过文字与读者进行超越时空的心灵的对话与交融。在修辞环境中要了解读者,一个好的作者通常都时刻考虑读者,一旦确定了写作目的和主题,作者会以读者的角度给出材料,并对内容结构作出选择。读者可能是个体或群体,也可能是专业人士或一般大众。

在传统的写作观点中,读者被赋予了从属者的角色,他的任务就是从作品中去发现文本的意义。随着以读者为中心的观点的出现,读者的角色转换为类似作者的角色,对文本可以进行创造性的阐释,读者可以进行推理以获得作者的意图。在修辞环境中作者和读者都有各自的角色,了解自己作为作者的角色和读者的角色有助于更好地完成写作。具体有如下几种角色关系:

作者与读者是平等关系(writer and reader as peers)。两者都有相似的知识和经历,没有谁比谁更权威。作者了解读者的阅读需求,尊重读者的阅读选择,能和读者平等相待。这种角色关系很有利于作者表达个人感情,典型的形式是个人信件和电子邮件,在语言上通常是非正式的。

作者作为初学者,读者作为专家(writer as novice and reader as expert)。很多写作都属于此类。学生作为初学者要获取知识,对读者心存敬意,遵照写作任务的要求,并仔细修改校读,最后上交自己的文章。

其他角色关系(other writer and reader relationships)。有时作者和读者的角色属于不同范畴,尤其当他们处在不同地位或拥有不同权威或权利时,要尊重读者,善于说清楚自己要表达的信息,不要过于冒失自负。

(4)语气。人类的语言都承载着一定的语气。比如,在拒绝客人时,使用否定句的影响是强烈的,会给客人留下不愉快的印象。切记不要直接向客人说"不",要使用委婉的语句。试比较以下两个句子:

"请不要在这里吸烟!"

"对不起,这里是不能抽烟的!"

这两句话,表达的内容虽然相同,但后者的语气显得更柔和,更礼貌一些。尽管文字是静态无声的,但作者关于话题和读者的态度决定他所用的语气。语气可以是严肃认真的,也可以是活泼幽默的;可以是平心静气的,也可以是激情澎湃的;可以是权威的,也可以是尝试性的;当然,也可以是直接明了的,或是讽刺反语的。

如果在不熟悉的修辞环境中进行写作,可以找一篇与所要写作种类相同的范文或样品,分析样品文章中的写作目的、作者和读者的角色以及语气。如果可能的话,请熟知这种修辞环境对人所提供的帮助。例如,商业英语写作的语气就与文学的写作不相同,商业英语的写作比较注重使用尊重的语气、中正的词语、正规的文体和简短的篇章,它有别于丰富多彩、自由烂漫、讽刺辛辣、戏谑狡辩、夸张缩小的文学家的笔调,讲究的是得体贴切、简洁有力、明了清晰的表达方式。因此,要合理运用并控制文章的语气。

(四)基于课程思政理念的英语写作教学创新对策

在"英语写作"的课堂教学中融入课程思政,努力做到在英语写作专业知识的传授中,"润物细无声"地将课程思政融入课堂教学的不同环节(课堂讲解、课堂练习和课堂活动),使学生在学会撰写概要的同时巩固所学知识,并引导学生树立社会主义核心价值观公民层面的爱国、敬业、诚信与友善的品质。思政教育起着育人的作用,能够帮助学生形成正确的世界观与价值观。

英语写作教学的目的是促使学生掌握英语写作的方法与策略,继而培养其英语写作能力。因此,教师应积极将思政元素融入英语专业写作教学中,引导学生树立正确的价值观与世界观,实现思政元素与大学英语写作教学的有机结合。将思政元素运用于英语写作教学的不同环节中。

其中,在课堂讲解环节,教师将爱国情怀融入其中,对学生进行爱国主义教育;在课堂练习环节,教师从不同视角激发学生的爱国主义情怀;在小组活动环节,教师让各小组对于同一话题展开讨论,为学生营造良好的讨论氛围,同时教师让学生进行同伴互评,要求学生认真、负责、如实地评改同伴的作业,从而培养学生敬业与诚信的品质。

通过以上教学环节,教师把社会主义核心价值观公民层面的爱国、敬业、诚信与友善的品质的养成与践行融入教学中。本案例是社会主义核心价值观与英语专业学习有机结合的范例,对课程思政融入英语专业教学的路径探讨有一定教学启示作用。

在全面深化基础教育课程改革要求下,如何进一步推进素质教育,发展学生学科核心素养,是大学英语教学面临的新课题。而建构主义理论对发展学生的语言能力、学习能力、文化意识和思维品质具有重要作用。建构主义理论强调学生是课堂教学的主体,即要以学生为主来开展教学,而教师则是知识学习与建构的引导者和促进者。建构主义的知识观和学习观在很大程度上与大学英语课程改革理念相一致,因此,将建构主义理论运用在英语写作教学过程中,有助于激发学生学习兴趣,提高学生学习的主观能动性,培养学生创新能力与合作能力;有助于学生建构英语知识体系,进而优化课堂教学过程,提高学生学习效率,最终达到提高学生综合语言运用能力的目的。

三、大学英语翻译技能的混合式教学

(一)翻译技能简述

1.翻译的界定

任何一种翻译活动,不论从内容方面(政治、社会、科技、艺术等等)还是从形式方面(口译、笔译、同声传译)都具有鲜明的符号转换和文化传播的属性。作为文化和语言的转换活动,翻译的目的是沟通思想、交换信息,进而实现人类文明成果的共享。没有翻译作为媒介,文化、传统、科技的推广就无从谈起,所以翻译是人类社会共同进步的加速器。

美国著名的翻译理论家纽马克(Newmark)在对翻译进行界定时运用了比喻手法。他指出,"许多翻译往往是对两种方案取舍的妥协。翻译这一活动往往是在变戏法,是一种靠运气、走钢丝的活动。因此,无论是对译者、翻译批评者,还是对读者而言,只要时间充裕,他们必然会对已经翻译出来的成品进行改变和提出自己的看法。"[①]纽马克将翻译活动比喻成一种妥协,很明显他认为翻译不仅仅体现为一个艰难的历程,需要进行反复权衡,还体现为源语与译语之间的相互让步。这种妥协有可能是积极的,也有可能是消极的,积极的妥协往往会使译文体现出源语的意蕴与译语的通达;消极的妥协往往会使译文为了迎合读者的需要而丧失其"信"与"达"。

---

① 李清华.医学英语实用翻译教程[M].上海:上海世界图书出版公司,2012:6-7.

美国著名的翻译理论家尤金·奈达(Eugene Nida)这样定义翻译,他认为"翻译就是运用最贴近、最自然的等值体来复制源语信息的过程,在复制的过程中,语义居于第一位,而文体居于第二位。"① 奈达从语义的层面对翻译进行了界定,即认为语义就是翻译的对象。他指出翻译的本质一方面要达到与源语效果贴近,另一方面还需要采用最自然的语言。

学者伽达默尔(Gadamer)将翻译定义为"一种解释,即是对一个视域融合进行解释的过程"。② 所谓翻译的视域融合,指的是源语文本的视域与译语文本的视域跨越出各自的界限,从而实现双方的融合,构建成一个新视域的过程。译者在进行翻译时,将自己的视域与源语文本的视域相遇,二者就会发生视域融合。但是,这一视域的融合并不是发生在某一文化范围内,而是发生在跨文化语境的范围内。因此,伽达默尔认为翻译是具有历史性与动态性的,他强调情景的概念,翻译所处的跨文化情景并不是一成不变的,而是不断发展和变化的。

18世纪著名的学者、作家约翰逊(Samual Johnson)指出,"翻译就是在尽量保存原义的基础上将一种语言转换成另一种语言。"③ 约翰逊的定义是从语用的角度来考虑的,认为翻译要尽量保证原义,因此一定程度上将翻译活动的本质揭示出来。但是,这一定义并没有将翻译与其他活动的根本区别体现出来。

我国知名学者陈宏薇等人对翻译的界定是这样的,他们认为"翻译是将一种语言文化中所承载的意义用另一种语言中转换出来的交际活动,这一活动是跨语言、跨文化的。"④ 在陈宏薇教授看来,语言是意义交流的载体,每一种语言都能体现和反映一种独特文化的整体或部分。当译者在对一个文本的语言信息进行转换时,往往也会将其所负载的文化意义传达出来。因此,翻译的本质在于释义,即意义的转换。同时,陈宏薇教授还指出翻译活动往往会涉及原文、作者、译文、读者等要素。

知名学者张今教授也指出,"翻译是两种语言所在的社会之间的交际工具和过程,目的是促进本语言社会的进步,包含政治进步、经

---

① 高华丽. 翻译教学研究:理论与实践[M]. 杭州:浙江大学出版社,2008:4.
② Hans-Georg Gadamer. *Truth and Method*[M]. London: Sheed and Ward Ltd, 1975: 347.
③ 李建军. 新编英汉翻译[M]. 上海:东华大学出版社,2004:4.
④ 陈宏薇,李亚丹. 新编汉英翻译教程[M]. 上海:上海外语教育出版社,2004:1.

济进步、文化进步等,任务是将源语中显示的艺术印象或逻辑影像完好无损地转移到另外一种语言中去。"[1]可见,从张今教授的理论中可以看出,翻译的本质不仅是一种语言活动,还会牵扯到其他各种文化因素。

方梦之教授在其主编的《译学词典》一书中将翻译解释为以下五个义项。[2]

(1)翻译者。

(2)翻译过程。

(3)翻译行为。

(4)翻译工作。

(5)译文或者译入语。

庄智象对方梦之的这几个义项进行了总结,认为翻译不仅是一个过程,更是一个职业或结果,同时他还指代口译与笔译。

随着时代的进步,人们对于翻译本质的认识也在不断深化。兰伯特(Lambert)和罗宾(Robyns)认为,"翻译是一种文化。"[3]两位学者的定义是从翻译功能入手的,将翻译与文化相联系,主要到了翻译涉及的各种文化因素。这一定义是比较进步的,因为语言与文化密切相关,翻译必然会涉及风俗、道德、信仰等文化因素。

综合以上多种定义,笔者认为翻译是在一定目的指导下,在目标与文化框架内将源语信息转化成译语信息的过程,从而实现特定交际目的的跨文化交际活动。但不得不说的是,要想完全再现源语信息是不可能的,因此这样的翻译其实只是实现了部分翻译。

2. 翻译能力

有的人认为,能够熟练地讲两种语言的人必定是一个优秀的译者。事实上并非如此。两种语言能力综合在一起与翻译能力并不是等值的。奈达认为,有的人可能是在不同的语言环境中学会两种语言的,因此可

---

[1] 张今.文学翻译原理[M].开封:河南大学出版社,1997:8.
[2] 庄智象.我国翻译专业建设:问题与对策[M].上海:上海外语教育出版社,2007:58.
[3] Edwin Gentzler. *Contemporary Translation Theories*[M]. London: Routledge Inc, 1993: 186.

以流畅地讲这两种语言,但是他们不一定可以胜任将一种语言翻译为另一种语言的任务。

威尔斯(Wilss,1982)指出,翻译能力是在全面了解源语与目的语的文本和语用知识的基础上,可以使两种单语能力实现更高层次的融合的一种跨语言的超能力。他认为,译者在翻译中应及时完成工作,同时做到化繁为简。

比尔(Roger Bell,1991)认为,译者进行翻译活动时所必备的知识与技能就是翻译能力。

切斯特曼(Chesterman,1997)认为,翻译能力包括对某一文本或词语生成一系列可能译文的能力;快速准确地从其中选择一种最贴切的译文的能力。

根据奈达(2000)的观点,译者能力应包括四种能力或知识:双语能力、双文化能力、足够的文本知识与行之有效的写作能力。

阿里森·毕比(Allison Beeby,2000)认为,翻译能力是一个抽象的概念,认为可以将翻译能力具体为转换能力、对比语言学能力、对比语篇能力以及超语言能力。

艾伯特·纽伯特(Albert Neubert,2000)指出了翻译能力具体包含五种要素,即语言能力、文本能力、主题能力、文学能力和转化能力。同时,他指出,这五种能力一起作用使得翻译活动与其他交际活动区别开来。

在各学者对翻译能力进行研究的基础上,我们力图构建一个包含多要素的翻译能力体系,其应涉及如下几种能力:双语能力,即熟练使用两种语言的能力;双语文化能力,即从整体上了解两种文化中的历史、政治、社会、经济等方面的知识,同时翻译时可以考虑两种文化之间的差异;文本分析能力,即能快速、准确地判断文本的文体与语域,同时能对文本进行词汇、句法、语篇方面的分析;目的分析能力,即了解源文本的交际目的,分析文本接受群体的接受能力与文化习惯;专业英语能力,即对英语语言特点与文化特征有一个很好的了解;跨文化交际能力,即可以从跨文化交际角度出发进行翻译,使译文最大限度地实现源语文本所要达到的交际效果;策略能力,即有效使用各种策略来对翻译中出现的问题与突发事件进行处理,及时完成翻译任务,且符合要求;操作能力,即使用现代技术手段(如语料库、网络工具)进行翻译实践的能力。

（二）大学英语翻译技能混合式教学的原则

1. 循序渐进原则

翻译能力的提高不可能一蹴而就,而是要经历一个过程。相应地,翻译教学也不能操之过急,应遵循由浅入深、循序渐进的规律,所选的语篇练习也应该是先易后难,逐步帮助学生提高翻译能力。从篇章的内容来看,应该是从学生最熟悉的开始;从题材来看,应该从学生最了解的入手;从原文语言本身来看,应该是从浅显一点的渐渐到难一些的。这样由浅入深,学生对翻译会越来越有信心,兴趣也会逐渐增强,翻译技能也会相应得到提高。

2. 精讲多练原则

大学阶段的翻译教学主要是技能教学,即教师传授技能与学生掌握技能。如果采用传统的教学模式,先灌输后练习,就让学生感觉翻译教学枯燥乏味,不利于教学目标的实现。因此,在翻译教学过程中,教师应注重将技能的讲解与学生的联系紧密地结合在一起,同时要以练习为基础加以总结。

在练习之前,教师首先可以先介绍一些翻译技巧,再让学生做翻译练习。在练习结束之后,教师还应对学生的练习进行讲评。教师在讲评时不应只是直接将参考译文呈现给学生,也不能仅仅是针对某一练习材料的内容,而应通过对学生在翻译过程中出现的问题进行分析,引导他们进行思考、总结,培养举一反三的能力。此外,还可以通过对原文材料进行系统的分析,归纳练习中的知识点,总结问题,从而上升为理论。只有这样,学生才能真正掌握翻译技能。

学生翻译技能的提高是在实践中经过长期的积累不断实现的。学生只有进行大量的练习,在练习过程中去感受、思考、积极寻找解决问题的方法,进而将自己思考的结果与已有的感性经验上升为理论。只有经过反复的实践、思考、总结,学生分析、解决问题的能力才能逐渐提高,翻译能力也会相应地提高。这就要求教师应注重对学生翻译过程进行关注,帮助、启发、训练并鼓励学生在翻译过程中遇到的各种问题。这对学生自主学习能力、创新能力的培养具有积极的促进作用,同时为今后的翻译实践奠定了基础。

3. 实践性原则

翻译教学还应遵循实践性原则。教师可以在条件允许的情况下,尽可能多地给学生提供翻译实践的机会,使学生切实体验实际的翻译过程,了解社会实际的需要。这不仅可以激发学生的学习动机,提高学生学习的积极性与自主性,还能为学生日后走向社会、适应社会提供知识方面的准备,使学生更快地融入社会。

(三)大学英语翻译技能混合式教学的建构策略

1. 制作个性化的翻译教学视频

在实施教学时,教师可以提前为学生制作视频,将教学内容进行模块化处理,每一个视频是围绕某一知识点展开的,如翻译理论、翻译技巧等。同时,在制作视频的时候,应该突出重难点,明确教学目标,为线上、线下教学做准备。此外,教师还需要考虑翻译教学的连贯性,为了实现整体的教学目标努力。

教师还应该设置教学任务,并将其发布到网络平台上供学生阅读,教师通过让学生观看,对学生提出的问题加以汇总与解决。在课堂上,教师对视频中的技巧与理论加以梳理。组织学生进行协作学习,实现知识的真正内化。在课后,教师还可以组织学生撰写翻译笔记,从中了解学生是针对哪些问题存在疑惑的,进而对自己的教学方案加以调整。

2. 利用多媒体展开翻译课堂教学,增加英语习得

在翻译教学中,教师可以利用与教材配套的多媒体光盘辅助教学,不过,由于各个学校的多媒体设备资源配置不同,而且教材所配套的光盘往往在内容上缺乏系统性,所以教师需要酌情使用。对此,最好的方

法就是教师可以根据教材内容自己动手制作课件,然后利用多媒体播放。多媒体课件的制作过程相对烦琐,需要依据具体的教学过程、教学内容、教学目标、教学媒体等,只有将这众多条件融合在一起,并体现互动性原则,方能制作出优良的多媒体课件。当然,这样的课件对于学生翻译能力的提升也是大有裨益的,可以促进不同层次的学生其自身的翻译能力都能得到不同程度的提升。

为此,在进行翻译教学活动之前,教师可以利用声音、图片、动画等教学辅助手段来刺激学生的学习兴趣,使学生在学习过程中始终保持较好的兴趣,将枯燥的翻译理论变得生动、有趣。针对具体的教学过程,教师在其中不仅要教授学生英汉互译的技巧,而且还需补充中西方文化背景知识,让学生对翻译理论形成一定的系统。虽然教师在翻译教学过程中所使用的教学模式相对陈旧,但在内容与形式上与传统的翻译教学已经大不相同。这种不同主要体现在如下方面。

(1)形式上不再是单调的板书,而是以多媒体呈现,节约了大量时间。

(2)内容上是针对不同层次的学生展开的,在课堂上由教师指导和学生自主选择,这有利于改善课堂教学的氛围。

(四)基于课程思政理念的英语翻译教学创新对策

高校翻译教师自身的思政素养对学生起着重要的影响作用,也是课程思政能否高效推进的核心变量。因此,为了充分发挥教师在思政教育中的关键作用,适应新时代教育改革背景下的发展态势对高校教师的要求,高校翻译教师必须转变传统的教育理念,响应新时代国家的教育方针政策;与时俱进,主动加强政治理论的学习,学习领悟新时代中国特色社会主义思想和党的方针政策,明确思政建设的政治属性;遵循新时代的教育理念,利用课堂主渠道,积极探索高校英语课程思政建设工作,参加课程思政论坛、学校建立的各级相关教师专项研修培训以及思政课程的项目申报,以提升自身思政素养和能力。明确新时代高校的教学目标和教师自身教书育人的职责,正确认识知识传授与价值引领之间的关系,充分利用相关的平台进行互动交流,不断总结反思自身的教学成效,从而实现教学理论和实践的同步提高;将知识传授与对学生的德行教育相结合,引导学生将个人发展与国家发展结合,树立正确的意识形态,对学生的德行素养起到潜移默化的教育作用,从而实现课程思政教学改革对学生的"铸教、铸人、铸魂"的教育作用。

在传统教学形式中,大学生学习英语只是被动接受,基于建构主义的大学英语翻译教学课堂能够更加重视学生学习的主观能动性,发挥学生自我思考的能力。在课堂上建构主义强调学生自我学习能力,逐渐开发学生更多学习技能,促进学生求知欲的提高,有助于学生英语翻译能力的整体提升。以学生作为主体进行教学,尊重学生自身学习和探索发展,真正激发学生的学习热情,让学生首先自行进行英语试题翻译练习,给予学生科学有效的翻译建议,让学生对试题印象更深刻,能够及时发现自己的问题并及时改正。通过建构主义结合英语翻译教学提高了学生创造性思维,打破传统的单一授课形式,学生能够发现自身学习潜力,提高学习兴趣。可以举行一些趣味翻译竞赛,提高学生参与感,让学生在轻松的氛围中学到知识,提高自身综合能力。

第四节　大学英语跨文化交际的混合式教学

一、文化与跨文化交际

文化是一个很广泛的概念,不少哲学家、人类学家、社会学家、语言学家一直努力从各自学科的研究角度对文化进行定义。学术界有关文化的定义已多于160种,目前的文化定义已多于250种。文化定义的多义性、不确定性,说明文了化的广泛性。学术界关于文化的定义有很多,大体上可以概括为广义和狭义两种。

(一)文化的界定与功能

1. 文化的界定

要探究跨文化交际能力,必须先明确什么是文化。

文化是一个复杂的概念,尽管很难给它下定义,但人们还是从不同的角度给文化下了很多定义。"文化"这一词语最开始是由德国人创造的,原义表示开发土地培养植物,后来逐渐演变为人类思想或者某些生理行为的笼统表述。如今文化被越来越多地用于表达一个人在艺术或者道德观念上的天赋水平。

按照人类学相关理论,文化是并不是一种能够通过基因遗传的方式得到的东西,它是只能通过后天学习或者模仿的行为得到的。人类学专家相信任何社会群体或者人类文明中都有文化存在的痕迹,没有高低或者优劣之分。爱德华·泰勒把文化视为完整但内部结构繁杂的一个整体,其中包含了信仰、道德、艺术等多种组成部分。[1]

格瓦拉(Gueert,1980)从心理学方向给出定义,他认为文化是意识形态的集体编程,它是一种区分一类人和另一类人的重要因素。尼莫(Nemni,1992)说很难给出文化的定义,尤其是在当前世界经济一体化的趋势下。拉多(Lado,1957)认为文化是"一个民族的方式"。这是他结合了易于观察的材料形式和不易发现的非材料形式对文化下的定义。在社会语言的研究领域中具有突出贡献,推动了跨文化交际的发展。

根据古迪纳夫(Goodenough,1957)的观点,文化是对人们必须知道和必须相信的东西的整合,只有这样,一个人的行为才能被社会其他成员接受。

基于古迪纳夫的观点,贾玉新(1997)对文化提出了自己的见解,这有利于对跨文化交流,文化是人类的日常行为,包括人的举止、想法和语言。在不同生态和自然环境的影响下,不同的国家和地区会发展自己的、有别于其他国家地区的特色文化。

从文化的界定可以清楚地认识到,文化对人们的影响到底有多深、有多重要,因为当人们接触到其他文化时,他们往往会根据自己本族语的文化系统来阐述陌生文化。人们经常认为不同文化之间的接触必然导致更大的相互理解,但是在实际情况中并非如此。相互理解不仅需要语言技能和文化知识,还需要努力、渴望和耐心等因素。作者认为我们有必要认识到,文化不是静态的,文化在不同事件的影响下,或通过接触其他国家的文化会不断变化。文化在行为和习俗上的变化可能会发生得很迅速,然而在价值观、世界观和社会规范方面的变化往往很慢。

---

[1] 爱德华·泰勒.原始文化[M].连树声译.桂林:广西师范大学出版社,2005.

2. 文化的功能

文化是由诸多要素所构成的一个复合体,这些要素相互作用、相互联系产生文化功能,对人类社会的发展起着重大的促进、推动作用。

(1)意识形态功能

文化作为上层建筑的观念形态是由经济基础决定的,因而文化的内容由特定经济关系决定,而利益关系和阶级关系为经济关系的核心。在特定社会条件下,人作为文化主体总是处在一定的意识形态中,人们进行创作、想象不能离开特定的社会背景,思维方式受意识形态的制约与影响。文化生产也不是自由创造,客观上会受到一定阶级、集团利益的约束。哲学、法律、道德、政治是文化的组成部分,都是带有意识形态的文化生产,即便是最具审美特征的文学艺术同样如此。意识形态是较高层次的一种特殊文化,是一种带着强烈的社会意识、阶级意识的观念系统。在阶级利益支配之下,每种文化形态对与异己性质对立的经济、政治现实进行批判,对与己同性质的经济、政治现实进行维护。随着历史的前进,统治阶级将走向灭亡,文化具有的意识形态功能也会消失而成为文化遗产或传统。

(2)教化功能

文化的教化功能就是通过文化手段、文化形式教育和改造人,使人适应社会发展的需要。人在不同阶段、不同环境中创造出文化,经过世世代代积累,成为人们生活于其中的具体的、历史的文化环境。人与动物不同,人既能创造文化,又能理解、接受文化。一个人来到世上会立即处在先人创造文化氛围中,在成长中不断学习,领悟规则、习惯、禁忌、风俗等,不断获取文化,将文化转为人内在需要的教化,从自然人转变为社会人。成为什么样的人,判别、区分出什么是真善美,都是在社会环境中日渐形成的,是社会化作用的结果。社会环境包括文化环境,人的个性、气质、行为的形成以及人的社会性,主要通过文化环境的教化逐渐地形成。

(3)调节功能

人类社会生活中,不可避免地存在着人与人、人与自然、人与社会之间的矛盾,并且存在着自身情感与理智之间的矛盾,调节种种矛盾,文化发挥着重大的作用。人类社会进入阶级社会后将一直存在社会、集体、个人三者之间的矛盾。在阶级对立的社会中,统治阶级要调节自身内部的矛盾,又要调节与被统治阶级之间的矛盾,除了用法律武器调节外,文化中的道德、理想也起着很大的作用。一个阶级处于统治上升期时,总是强化社会理想的功能,鼓舞全体社会成员为共同目标努力奋斗,这时,社会理想发挥自身作用,有力地调节着各个阶级间的冲突和矛盾。道德规范在调节个人与集体、个人与他人利益矛盾中也发挥着重要作用。另外,文化在调节人们精神状态、生活状态上也是非常关键的。

(4)审美功能

审美是人类特有的现象,美好的事物可以愉悦身心、陶冶情操、净化人的心灵。人类通过对美的审视、感受世间的万事万物,得出善恶、美丑等看法,不断由低级走向高级,这就是文化的审美功能发挥的重大作用。文化的审美功能主要包括审美的趣味、理想、知觉和享受。审美趣味是人理解、评价各种事物、现象的审美能力,同人的文化水平联系在一起,文化和学识高的人能够做出比较全面的审美评价;审美理想与世界观密切联系,反映了人们的实践愿望和需要,审美理想主宰着一个国家在一定时代的审美风尚、趣味和趋向;审美知觉是人可以感觉周围事物的美,辨析现实或艺术作品中的人所表现崇高与卑下、美与丑,同时体验到满意抑或不满意的感觉;审美享受是对生活中、艺术中的美好事物的感知所引起的满足感、快乐感,审美享受从思想、道德、情感、政治上教育人,使政治原则、道德原则等成为人们精神世界的组成部分。

(5)娱乐休闲功能

人们在生活中为了更好地娱乐、休息而产生了文化的娱乐休闲功能。娱乐休闲一般指消除体力疲劳、恢复生理平衡和获取精神的慰藉。娱乐休闲是在社会必要劳动时间之后的人的生命状态和精神状态,它在人类社会进程中发挥着重要作用。历史阶段不同,人们的劳动生产方式不同,感到的疲劳和压力就会不同,所采取的娱乐方式方法也会不同。现代化生产给人们最大的感受是精神上的疲劳,人们在工作、劳动之余,到文化宫、音乐厅、图书馆等场所能得到文化的熏陶、精神的娱乐和休息,可以消除疲劳,为再生产积蓄能量。传统年代向工业、后工业时代转变过程中以及在将来,无论处在什么时代,人们都会需要娱乐休闲。文化的娱乐休闲功能对人的生活、发展具有重要意义。

（二）交际

"交际"一词最早见于《孟子》。"万章问曰：'敢问交际，何心也？'孟子曰：'恭！'"南宋朱熹为此作注，认为："际，接也。交际谓人以礼仪币帛相交接也。"由此可知，交际包含"交"和"接"两部分。作为一项双向性活动，其等级意味亦不明显。在英语中，"交际"可以有两种表述：一是 social intercourse，强调它的"社会性"（social）；一是 communication，突出它的"交际性"。而 communication 来源于拉丁语 commonis 一词，commonis 是"共同"（common）的意思。因此，"交际"这一概念与"社会共同""社会共享"密切相关。事实表明，只有同一文化的人们在行为规范方面具有共性，或交际双方共享某文化规范，才能进行有效的交际。跨文化交际是不同主流文化的人们之间的交际，当然要求双方互相理解或遵循对方的文化，只有这样，才能保证交际达到预期目标。

语言交际在本质上属于信息传播，是一个动态的系统构成，必须具备构成系统的基本要素：首先需要有交际主源，即信息的发出者；其次要有信息的接收者。在交际主源发出信息前需要对所要表达的信息进行编码，然后通过一定的传播渠道克服各种干扰的影响传输给接收者。接收者接收到信息后对信息进行解码理解，然后向交际主源做出反馈。

不过总体来说，对于交际，目前还没有一个统一的说法。

交际是我们生活中的一个重要组成部分。人们之所以要交际，主要是因为如下几点原因。[1]

（1）我们需要满足自身的物质需求（We need to satisfy our material needs）。

（2）我们需要与别人取得联系（We need to connect with others）。

（3）我们需要控制别人的行为（We need to control the behavior of others）。

（4）我们需要表达自己的想法和情感（We need to express our thoughts and feelings）。

（5）我们需要探究周边的世界（We need to investigate the world around us）。

（6）我们需要传递新的信息（We need to pass on new informa-tion）。

---

[1] 严明. 跨文化交际理论研究[M]. 哈尔滨：黑龙江大学出版社，2009.

（7）我们需要创设心目中的世界（We need to create worlds of the imagination）。

（三）跨文化交际

跨文化交际是指不同文化背景的信息发出者和信息接收者之间的交际。从心理学的角度讲，信息的编码、译码是由来自不同文化背景的人所进行的交际。在英语术语 Intercultural Communication 的汉译中，语言学界和外语教学界多译为"跨文化交际"；心理学界多译为"跨文化沟通"；传播学界多译为"跨文化传播"；文化人类学界则常译为"跨文化交流"。

二、大学英语跨文化交际混合式教学的原则

（一）策略有效性原则

在实施文化教学时，大学英语教师应该采取有效的策略。具体来说，可以从如下两项入手。

第一，教师要用宽容、平等的心态对中西方文化进行对比，通过对比来鉴别。这一策略就是将中国文化与其他文化进行比照，从而将中国文化与其他文化的异同揭示出来，避免将那些仅属于某一特定社会的习俗与价值当作人类普遍的行为规范与信仰。在运用这一策略教学时，教师应该着眼于跨文化交际中存在的现实问题，以共识对比作为重点，不会考虑褒贬，克服那些片面的文化定型，避免用表面形式对丰富的文化内涵进行取代。也就是说，教师应该引导学生透过现象看本质，通过理性、客观的态度，对不同文化的异同加以分析。

第二，教师要为学生提供充足的空间与机会，让学生感受到中国传统文化的魅力。通过体验，可以将课堂环境与社会环境结合起来，加强文化与社会、学生与社会等之间的关联性，使学生在英语教学情境下不断体验与感悟，从而帮助学生形成文化理解力、文化认知力。

（二）循序渐进原则

循序渐进原则，又称为"阶段性原则"，是指文化教学的内容应该与学生语言水平、领悟能力、接受能力相一致，即从浅显到深奥，从现象到本质、从简单到复杂的循序渐进的方式设置教学内容，并展开文化教学。

例如，在文化教学内容中，自然地理文化属于表层文化，情境文化属于中层文化，这些文化的内容是相对容易理解的，因此教师可以先安排这些内容以便于学生了解中西文化的差异。当学生了解了这些文化，再进行深层次的导入，如价值观文化、社会规范文化的教学。

此外，在文化内容传授时，教师还应该注意文化内容本身的层次性，避免使文化教学的内容过于琐碎。一般来说，与词语文化相比，话语文化所包含的因素往往比较复杂。但是，词语文化的内部也存在一些复杂的情况，教师应该注意到这些内部包含的文化层面，从而做出合适的教学选择。

（三）对比性原则

在大学英语教学中，不仅需要对两种语言进行对比与分析，还需要对其所属的两种文化进行对比与分析。在大学英语文化教学中，教师需要遵循对比性的原则，即不断引导学生将自己的本土文化与英语国家的文化进行对比，从而分析出二者的差异性。

具体来说，对比性原则有如下几点意义。

（1）通过对两种文化进行对比，有助于加深学生对英语国家文化的理解和认知，同时逐步了解英语国家的价值观、思维方式、生活习惯、人生观等层面的差异。这不仅可以避免出现种族主义，还可以有助于提升不同阶层学生的文化理解能力。

（2）通过对两种文化进行对比，学生可以将自己的文化带入到英语国家文化之中，使学生学会区分两种文化，辨别其中的可接受文化与不可接受文化。

（3）通过对两种文化进行对比，学生可以进一步加深对不同文化的理解，从而帮助学生避免出现交际障碍。

第三章 建构主义视角下大学英语混合式教学的内容创新

(四)灵活性原则

知识并不是死板的,当然文化知识也不例外。文化知识具有明显的灵活性。在大学英语文化教学中,要想让学生对文化知识进行理解是非常容易的,但是让学生能够在以后的交际中运用自如就比较困难了。因此,当前的大学英语文化教学中应该遵循灵活性原则,具体来说就是教师应从学生的具体情况出发,根据学生的不同需求来选择合适的、灵活的教学方法,从而不断调动学生的积极性和兴趣。例如,教师可以采用文化专题讲座、角色扮演、小组谈论、话剧等多样性的教学手段。

另外,大学英语文化教学的内容也是纷繁复杂的,而如果仅仅依靠教师的讲解,那必然是有限的。因此,在大学英语文化教学中,教师应该将课内教学与课外教学相结合,在课堂内容丰富的前提下开展如英语角、英语晚会、课外读书活动等形式的课外活动。将课内外相结合进行教学有以下几点意义。

(1)有助于提高学生的运用能力。

(2)有助于进一步提升学生的语言知识和文化感知力。

(3)有助于避免在交际中产生误会,增强对不同文化的理解和交融。

三、大学英语跨文化交际混合式教学的建构策略

(一)为学生制作学习单

为了让学生运用自主学习模式,教师可以从具体的内容出发为学生设计学习单,帮助他们从课程标准出发,对自己的自主学习活动进行展开。在设计学习单的时候,教师应该将学习内容、学习任务等列出来,学生在完成的过程中,要逐渐明确自己要学到什么,并发现问题,从而实现知识的建构。

（二）要求学生进行课外自主学习活动

教师应该分解教学内容,将制作好的视频发布到网络上,引导学生制订出符合自己的学习计划。学生一方面可以利用学校提供的平台进行自主学习,另一方面还可以选择学习任务与内容。在选择时,学生应该从自身的知识情况出发,不仅要保证与自身需求相符合,还要保证自身能够吸收新知识,实现新旧知识的融合和内化。

四、基于课程思政理念的英语文化教学创新对策

（一）加强教师思想政治意识

课程思政与思政课程不同,它不是一门独立的学科,而是需要教师将思想政治教育融入学科课程教育之中,这不仅需要积极转变传统的教学模式,还需要教师本身具有一定的思想政治素养。学校应加强教师的培训和监管,加大教师培训中思想政治教育的比例,如学校可以邀请政治学专家和教育学专家为教师们进行专题讲座,组织教师完成思想政治教育课程,举行思政教育相关的研究活动,加深教师对马克思主义思想、中国特色社会主义理论的认识,提升教师对思想政治教育的了解,帮助教师从内心真正意识到思政教育的重要性,通过思想指导行为,让教师积极主动地在课堂上进行思政教育。还可以组织教师开展教学例会,教师可以通过例会分享自己的教学心得和教学方法,教师之间可以互相学习,更加广泛地获取教学经验与先进教学技术,帮助大家扩展教学方法,提升教学水平。

一方面,学校需要加大监管力度,指派专人进行抽查听课,保证教师思想政治培训工作能够得到落实,不仅要检查教师的上课情况和教学态度,更要关注教师的教学模式和教学内容,检查教师是否真正做到课程思政融入英语教学,并对学生的情况进行监督和了解。另一方面,在教学活动中,教师不能急于求成,必须循序渐进地将思政教育融入英语教学之中,要注重学生对英语和思政兴趣的培养,通过潜移默化的教育方式,确保学生掌握英语知识的同时,提升学生的综合素养,帮助学生全

第三章　建构主义视角下大学英语混合式教学的内容创新

面发展。例如,教师可以在每节英语课的开头拿出几分钟的时间让学生用英语谈谈对自身思想政治水平的认识,并逐渐提升对学生的要求,保证教学工作能够循序渐进地进行。

(二)教师文化教学能力的培养

建构主义理论在凸显学生主体地位的基础上,也非常重视教师的组织、引导能力,保证学生能够在建构主义理论下制定完善的教学体系。因此,大学英语教师在文化教学期间,要利用旁白的方式激发学生的学习兴趣,认真组织学生参与到课堂教学活动中。大学英语教学中的文化旁白就是教师根据英语语言文化知识特点,将英语文化习俗知识介绍给学生,为学生的探讨提供借鉴。例如,在大学英语教学内容涉及圣诞节的时候,教师可以要求学生全面了解圣诞节的来源,然后对圣诞节习俗等文化背景知识进行分析,保证学生能够全面理解英语文化知识,为其后续的发展奠定基础。

在建构主义领域下,大学英语教师必须要凸显学生的主体地位,保证能够有效引导学生与教师相互探讨,在一定程度上,能够为学生树立正确的文化意识。大学英语教师在文化教学期间,必须要重视语言与文化的结合,使学生的实际应用能力得以提高。基于此,大学英语教师要重点关注大学英语教材,并以教材为核心,将文章与练习作为教学线索,全面引导学生学习英语词汇、句子结构以及文章结构等知识,使得学生能够了解英语文化意义,并逐步加深对英语文化的理解。同时,教师还要引导学生了解英语与汉语文化的差异,确保学生能够得体的应用英语文化知识。

(三)创新英语课堂教学模式

在与课程思政教育相结合之后,大学英语文化教学方式也需要得到一系列改变,以适应全新的教学要求。教师必须不断提升自己的知识储备,如历史、生物、职场、影视、思想政治等方面,才能丰富英语教学活动,充实课堂内容。适当增添案例,采用知识灌输之外的教学手段,丰富课堂内容,吸引学生的兴趣,如教师可以利用多媒体设备在课堂上为同学们播放英文电影,不仅要分析英语单词和句式,还要深入电影,了解主人公的精神品格,对学生进行思想政治教育。比如,《风雨哈佛路》中的丽丝虽然经历了很多人生的苦难,但是她凭借着自己的努力,成功考上了哈佛大学。通过电影的观看,教师应该教导学生家庭的贫苦虽然会带给人们一定的磨难,但是只要凭借坚定的信念和顽强的毅力,就可能获得成功。

教学模式的创新是大学英语教学与思政教育相结合的必然要求,通过教学方式和教学内容的创新,教师可以更加自然地将思政教育和英语教学联系在一起,还能提高学生对课堂教学的兴趣,提高学生的学习效率。

(四)开展大学英语第二课堂

大学英语文化教学不只局限于课堂上,可以通过课外英语主题活动的开展,设置英语的情景模式,转变传统的应试教育模式,为学生提供一个使用英语进行交流的平台,让文化教学"活起来"。第二课堂是课堂教学的延伸和补充,与传统课堂教学相比,第二课堂的内容和形式更加灵活多样,教学设计的要求也更加宽松,更能激发学生对于英语的学习兴趣,也能为教师的教学工作提供便利。例如,学校可以举办学院英语文化节,同学们可以用英语介绍自己的家乡、现代科技、文学作品等,还可以用英语表演小品、舞台剧等;教师在这一过程中担任评委角色,既能减轻自身的教学压力,也能实现对学生英语学习的引导,通过丰富多彩的活动,带领同学了解更多知识的同时,帮助学生领略文化的魅力。学校还可以积极开展英语俱乐部、英语演讲比赛、英语口语比赛、英语阅读角等,沉浸式学习英语文化的表达。

为了将思政教育融入大学英语文化教学中,学校应该对英语活动进行不断的创新,使教学内容更加适应教学要求。例如,学习可以创新活动的内容,组织学生用英语对我国传统文学进行翻译,帮助留学生进行汉语的学习和中华文化的了解,从而促进不同文化之间的碰撞与交流,提升学生的口语能力与翻译能力,使用全新的大学英语第二课堂形式,加强学生的英语能力。另外,国际友人之间的文化交流有利于加强学生对中华文化的认识,并通过文化的交流,有利于提升学生的民族自豪感和认同感,培养学生的爱国情怀,从而完成学生的思想政治教育。

混合式教学已成为大学英语教学研究与实践的常态。在建构主义

第三章　建构主义视角下大学英语混合式教学的内容创新

理论指导下,对大学英语混合式教学内容进行创新研究,有助于更好地推进大学英语课程教学与实践。因此,本章从词汇与语法知识、听说技能、读写译技能、跨文化交际几大层面入手分析大学英语混合式教学的原则与策略,并辅以相应实践,以更好地推进大学英语混合式教学。

第四章 建构主义视角下大学英语教师混合式教学能力的培养

混合式教学在应用过程中正逐渐被人们接受与认可。然而,任何新事物的发展都需要一个过程。对于混合式教学模式而言,其发展过程中有一项重要的影响要素不容忽视,那就是大学英语教师。在一定程度上可以认为,大学英语教师混合式教学能力的高低将对混合式教学模式的未来发展产生决定性的影响。为此,本章主要分析建构主义视角下大学英语教师混合式教学能力的培养。

第一节 大学英语混合式教学中大学英语教师角色的定位

混合式教学作为一种新兴的教学方式,有效促进了课堂教学效果的提高和教学目标的达成,实现了个性化学习,同时其对大学英语教师提出了新的要求,促进了大学英语教师角色的转变。具体而言,在混合式教学中,大学英语教师的角色发生了显著的变化。

信息技术影响下的大学英语教师角色让课堂更为有效、生动,大学英语教师发挥了更多的引导和协助的工作,学生提供了个性化学习感受和多样化学习方式,对课堂的顺利实施有着显著的促进作用。说到角色,一般人会觉得其与身份、地位有关,认为角色是对人们身份、地位的诠释。在当今社会,大学英语教师扮演着十分重要的角色,他们以各种方式调动与引导学生参与活动,并引导学生在自己设定的环境中展开探索。

第四章　建构主义视角下大学英语教师混合式教学能力的培养

一、单元任务的设计者

要想实现单元主题目标,就必须对单元任务进行设计,这是大学英语教师的一项重要任务。学生通过大学英语教师设计的这些真实的任务,既可以拓宽自己的知识面,还能够提升自身解决具体问题的能力。因此,在学习中,单元训练任务的设计是非常重要的。

这要求大学英语教师应该在网上设计相应的单元任务,让学生在规定的时间内完成,最后提交完成任务的结果。通过这种方式,学生可以降低自身的压力,让他们愿意参与其中。另外,通过网络,学生可以根据自身的实际情况选择教师设计的任务,遇到问题时也可以与大学英语教师或其他同学进行网上交流,最后呈现自己的作品或观点。显然,这种方式不仅锻炼了学生的水平,还有助于提升学生的兴趣和积极性,加强人与人之间的交往与合作。

二、有效主题教学模式的设计者

在新形势下,课程教学要求大学英语教师不断探求新的教学模式与方法。具体来说,大学英语教师不仅需要发挥网络的优势,还需要提升学生学习的效率。对此,大学英语教师在设计主题教学模式时,应该选择学生感兴趣的话题,并且整个教学模式都围绕这一主题开展,以小组合作讨论的形式完成任务,最后提交讨论结果。

当然,由于处于网络环境下,大学英语教师设计的每一个主题应该能让学生在网络上找到丰富的资料,包含这一主题的文化背景与发展动态,然后由学生进行总结与归纳,之后学生可以在网上进行讨论,这样的设计模式实际上帮助学生摆脱了课本的限制。

三、学生网络学习的协助者

在课程教学中,网络能够起到监控的作用。通过网络监控,大学英语教师可以对学生的学习过程有所了解与把握,从而帮助学生实现自己的学习需要。大学英语教师是学生进行网络学习的帮助者,尤其对于差生而言,大学英语教师更是发挥了不可磨灭的作用,他们通过记录学生浏览网页的情况,了解学生是否参与其中,从而清楚学生在学习中遇到的困难,之后帮助学生解决实际的问题。

另外,由于不同的学生遇到的困难不同,因此大学英语教师应该给予分别指导,促进不同层次学生各自的进步。显然,大学英语教师对学生网络学习的帮助更具有人情味,不仅有助于提升优等生的水平,还有助于避免差生的畏惧心理,帮助不同层次的学生解决不同的问题,真正帮助他们实现有效的自主学习。

第二节 大学英语混合式教学中大学英语教师的专业素养构成

一、大学英语教师的基本素质

根据林崇德先生提出的"三层次五成分"大学英语教师素质观,从当前大学英语教师的基本情况考量,大学英语教师素质的内涵可以涉及如下几个层面。

(一)职业理想

大学英语教师的职业理想是大学英语教师从事教学工作的兴趣与动机的体现,是其献身于教学工作的原动力。在混合式教学中,大学英语教师的职业理想表现为积极性、事业心、责任感,大学英语教师具备的崇高的职业理想,是他们开展混合式教学活动的有利层面。

(二)知识水平

大学英语教师所具备的知识水平是大学英语教师开展教学工作的前提。林崇德(2005)从功能角度出发,将大学英语教师的知识结构划分为四大部分:本体性知识、文化知识、实践知识、条件性知识。

第四章　建构主义视角下大学英语教师混合式教学能力的培养

（三）教育观念

大学英语教师的教育观念是他们在教学活动中形成的对教育现象的主体性认知，是从自身的心理背景出发进行的认知。一般来说，教育观念包含知识观、教育观、学习观、学生观等。

（四）监控能力

大学英语教师的监控能力指的是他们为了保证教学能够顺利实现预期目标，在教学过程中对其进行主动计划、检查与反馈等。具体来说，包括对课前教学的设计、对课堂进行管理与指导、对课堂信息进行反馈。事实上，教学监控能力是大学英语教师对其认知的调节与控制，是大学英语教师思维反省与反思的体现。

（五）教学策略与行为

大学英语教师的教学策略与行为是大学英语教师为了实现教学目标，从学生的特点出发，采用各种教学手段展开因材施教。在混合式教学中，大学英语教师的教学策略与教学行为是大学英语教师根据不同学生的学习风格与水平差异，创造符合学生风格的课件，采用网络多媒体技术，将自身的教育思想与学生容易接受的方式完美地融合。

二、大学英语混合式教学中大学英语教师的素质要求

（一）以学生为中心的教学意识

在传统的混合式教学模式中，大学英语教师在课堂上占据绝对的主体地位，他们是教学活动的掌控者、组织者，学生是被动的参与者。在这样的教学过程中，大学英语教师也不会意识到不同学生是存在差异的。即便有教师注意到了这一点，大多数教师也会忽略。

实际上，在课堂中，所有的学生形成一个多元文化语境，他们来自不

同的地区,具有不同的成长背景,这就使得他们有着不同的接受能力、不同的思维方式等。如果大学英语教师对所有学生都一视同仁,那么必然会削弱学生学习的积极性与主动性,也势必会导致教学效果不佳。

建构主义视角下,大学英语教师应该"以学生为中心",大学英语教师自身的角色也应该发生改变,从原本对课堂的控制者转变为对学生学习的辅助者,同时对待每一位学生都应该持有平等、公平的姿态。大学英语教师要认识到不同学生的文化差异与多样性,对不同的学生采用不同的方法,使学生成为教学的主体,展现自身的个性,从而更好地在多元的环境中习得学科知识。

（二）信息化时代下的信息素质

随着科技的发展,人们认识到人才的高素质是一个民族强大的动力。在所有素质中,信息素质非常重要。因此,很多高校都十分重视学生信息素质的培养。但是,对于中国而言,信息素质教育起步较晚,直到教育信息化的实施,才在一些好的学校开设信息素质教育。对于在职的大学英语教师而言,信息素质教育根本未得到应有重视,甚至有的大学英语教师都不知道信息素质的含义。很多资料表明,我国大学英语教师的信息素质早已无法适应当今教育信息化对高等教育发展的需求,与发达国家相比,存在巨大差距。

第三节 大学英语混合式教学中大学英语教师的专业发展

一、教师专业发展的概念

正确理解教师专业发展的本质,就要厘清教师专业发展与教师专业化、教师专业素养的结构,教师专业发展的主动性等基础性问题。

第一,教师专业发展与教师专业化。教师作为一门古老的社会职业,但职业不能等同于专业,因教师职业的特殊性等因素的影响,其专业性地位在长时受到多方质疑或争议。由此,20世纪60年代开始,在要求

第四章 建构主义视角下大学英语教师混合式教学能力的培养

大力提升教师素养的背景下,欧美国家兴起了争取教师专业地位及相应权力和教师专业能力的教师专业化运动,但在运动中由于片面追求教师群体的专业地位及权力却忽视了教师个体关键的教育实践能力的发展,从而导致活动到20世纪80年代前,并未取得实质性进展。20世纪80年代后,各国在加强教育改革中,充分认识到教师中改革中的关键作用,从而对以前忽视教师个体专业发展的做法进行批评和反思,促使教师专业化的目标重心从专业地位与权力的诉求转移到教师专业发展之上,成为教师专业化的方向和主题。随着促进教师专业发展的各种活动的开展,人们越来越认识到,提升教师专业地位的有效途径是加强教师教育,促进教师专业发展,只有不断提高教师的专业水平,才能使教师成为一种受人尊敬和社会较高地位的职业。总之,教师专业发展来自争取教师职业专业地位运动的经验总结,并成为人们所认可的实现教师职业专业地位的有效途径。由此,在研究中需要注意不能忽视教师专业化这个大前提来片面强调教师个体的发展。

第二,教师专业素养结构。教师专业发展应朝向哪些内容和目标?如何评价教师专业发展的效果?如要解决这些问题,必须清楚教师专业素养的结构问题。关于教师的专业素养内容,众多学者对其进行了研究,结果表明:作为一名优秀的教师应具备多方面的专业素养,概括起来主要包括三个方面:专业知识、专业技能和专业情意。

第三,教师专业发展的主动性。从已有研究中关于教师专业发展的概念中,都忽视了教师发展意愿的问题,几乎一致把教师会主动发展作为预设前提。但现实中教师的存在方式是多元化的,主要有"生存型""享受型""发展型"。其中,生存型的教师面对生活的各种压力,是否有强烈的意愿关注自身的专业发展呢?由此,在涉及教师专业发展的概念界定时,需要特别注意教师现实的生存方式与生活环境的前置条件,调动发展的主动性。

二、教师专业发展的特点

(一)专业自律:共同发展,专业分享

教师这一职业在专业发展上更容易陷入单打独斗的境地。而教师如果缺乏融入专业集体的自律态度，就易于造成其专业发展中缺少互动对话、分享以及反思，其专业发展中经常充斥着无力感、无意义感。教师专业共同体的建设是促进教师专业自律的有效途径，进而在促进其专业发展中发挥作用。

1. 自觉寻求专业发展中的资源共享

教师这一职业的专业发展比其他任何职业更明显地需要对话和分享。每位教师作为一个独立、独特的个体，都在其独有的学习和工作经历中形成了具有鲜明特色的知识及经验结构。同一门课程的教师、同一个专业研究方向的不同教师，其在教学内容处置、教学方式方法以及科研思路等方面的表现也不尽相同。多样性和差异性本身就是教师专业共同体中一种宝贵的——即使是执教同一学科的教师在教学内容的处理、教学方法的选择、教学情境的创设等许多方面也可以说尽显个人风采。可以说，教师专业共同体中成员的多样性和差异性本身就是一种重要的学习资源。专业共同体系中的资源互补，有利于教师完善其专业能力，促进专业反思。一种互信、互相开放式的交互主体性，促进教师之间的交流互助。这对于教师来说是宝贵的成长资源。专业共同体的深入发展既会对教师的专业发展提供良好的资源平台，也会对教师的专业发展产生足够的吸引力，进而促进其自觉寻求更多的资源以满足其自身发展需求。

2. 专业知识结构深化和完善

受到建构主义理论的知识观和学习观影响，对话、协商和分享在个体知识学习和经验成长中扮演着极其重要的角色。教师能够通过互助式的伙伴关系自觉进行寻求支持与引导，深化和完善自己的专业知识结构。

3. 专业知识与经验分享

在教师专业共同体中，教师获得了与经验教师和专家型教师进行互动的机会。多种通道和互动方式促进了彼此分享各自的想法、观点和信念进而丰富了教师的知识经验体系。教师专业共同体的建立会让教师在这种互惠互利的氛围中坚定其专业发展决心。

4. 促进教师进行专业反思

教师专业共同体可以通过对话让各种想法和观点进行自由的交流。对话可以让教师以更全面的视角来审视问题。通过对话,教师还可以对自己的观点进行反思,完善理解。教师专业共同体中丰富的对话使教师有机会对个人观点、信念和假设进行反思和修正,在持续的自我更新中形成一种自觉反思式的专业发展。

(二)道德自律:自我反思

教师工作是一种特殊的专业劳动,赫尔巴特很早就指出了教育教学活动中的教育性。没有任何一项社会活动能像教学这样和人的道德活动紧密相关。教师的道德自律是指教师能够严格按照职业道德要求,对自身职业形成良好的自我调控,并能自觉履行相应职责。教师的道德自律发起于具有他律特征的各项学校规章制度和社会诉求,形成于自身不断的教学生活中,完善于深入理解教育之后。道德自律一旦形成,就会成为教师自我行为的一种指导原则,影响着教师的教育教学活动和自我道德成长。

在专业共同体的建设中应该注意给教师提供自我学习、自我锻炼的机会,使教师有机会通过与有经验同伴进行经验分享,不断自我反思进而将外在规约内化为自主诉求,构建道德自律。教师道德自律的形成有赖于教师能否正确地认识自我以及自我与环境之间的关系,有赖于对自我责任与义务的正确认识,有赖于对自我优缺点、自我修养的正确认识。在专业共同体的框架下,教师通过不断的自我反思,以及直接经验和间接经验的获得逐步正确评价、发展自我,形成正确的道德自律。

三、大学英语教师专业发展的具体策略

反思性实践在大学英语教师专业发展中被认为越来越重要,很多学者一致认为大学英语教师通过不断反思自己的教学经验,从经验中学

习。大学英语教师在教学实习期间学会教学的各种授课活动,更多的就是通过反复探索、反复尝试、反复训练获得各种教学经验。在大学英语教师专业发展中,知识构建的一个重要渠道便是大学英语教师与大学英语教师之间一起合作、一起反思。下面就具体分析大学英语教师专业发展的实践。

(一)以学校为本位:积极展开校本培训

1. 校本培训的内涵

就校本培训来说,其培训的问题不但直接来自广大教师教育者的教育教学实践,而且还贯穿于他们的教育教学全过程,培训的出发点和落脚点都是为了教学问题的解决。

2. 校本培训的具体途径

(1)校企合作途径

校企合作理念是应社会所需,将学校的人才培养与市场紧密接轨,与企业高效合作,实现实践与理论相结合的全新理念。在这种理念的指引下,越来越多的学校将校企合作提上重要日程。它们通过与企业之间建立合作的教育"双赢"模式,注重学生在校学习与企业实践的结合,实现了学校与企业资源、信息共享,达成了人才培养的实用性、实效性、高质量。聚焦到教育行业,由于教育师资的短缺,校企合作培养大学英语教师也成为一种主要模式和路径。

早在1986年,美国卡内基基金会的《国家为21世纪准备大学英语教师》中指出:"为大学英语教师职业准备的最好环境是一所联系中小学、幼儿园和大学的临床教学学校。"

高等教育必须落实立德树人这一根本任务,深度融合政府、学校和行业企业等各育人主体。校企合作的基础就是寻求合作的共赢点,除政策支持外,企业参与校企合作可以获得专业指导、技术服务、资源平台支持、行业发展信息动态、人才储备等方面的赢利,高校参与校企合作可以获得专业建设、师资队伍建设、大学英语教师企业实践、学生企业

第四章 建构主义视角下大学英语教师混合式教学能力的培养

实习等方面的赢利。

大学英语教师队伍培养培训模式研究正是基于校企合作"共建共赢"的理念引领。学校在开展专业建设、课程建设、专业师资队伍建设、外聘师资队伍建设、校外实训基地建设、技术服务开发、学生实习等教学工作时,应结合当地学校特点,努力形成百花齐放、各具特色的良好校企合作格局。校企结合自身学校规模、师资状况、发展需求有计划地进行探索性的校企合作,如提出订单培养计划,由校企共同研发制定订单教学内容;提出师资培训需求,由校企共同研发校本培训项目;提出其他技术支持需求,由校企共同研发给予技术支持等。

(2)校本大学英语教师培训

校本大学英语教师培训是在教育专家指导下,由学校和大学英语教师发起组织的、围绕着学校教育教学发展与改革中所遇到的各种实际问题,利用一切可以利用的教育资源,促进大学英语教师教、学、研的统一,从而实现大学英语教师专业发展的培训模式。

第一,强调大学英语教师自主学习。学校大学英语教师专业发展实质上是其进行自我定向、自主学习、自主发展的动态过程。因此,要实现学校大学英语教师自身专业的发展,需要促进其形成实现自身专业发展的自觉意识。在进行校本培训的时候,要尊重大学英语教师的自主性理念,促进大学英语教师自主发展,并为大学英语教师的自主发展提供有利的资源、条件和引导。

第二,加强大学英语教师间的互助合作。在校本培训中,改变了传统培训中培训者高高在上、受训者被动接受培训的局面。校本培训建立在对校内培训资源的充分利用的基础上,而且每位大学英语教师都有自身独特而又宝贵的教学经验。为此,通过搭建大学英语教师间合作互助的平台,促进大学英语教师间交流、分享教育教学经验,整合和重建各自的经验背景,促进自身专业的发展。

第三,重视同行专家的指引作用。虽然校本大学英语教师培训的核心理念在于倡导自主学习、推动合作互助。但是,专家的支持和引导又具有重要作用。为此,要大力倡导以老带新的"导师制",对新大学英语教师实行"一帮一"的指导活动,从而极大地促进学校大学英语教师专业发展。重视专家的引领作用,还应该重视发挥专家的"教学督导"作用,对上起到参谋、反馈的作用,对下进行监督与指导。

第四,注重组织制度保障机制建设。学校应该积极建立"教学发展中心",对教育资源进行整合,为大学英语教师提供教学支持,提升大学英语教师的教学质量,推动校本大学英语教师培训的开展;将有关教育教学、大学英语教师培训的标准、要求等规范化、制度化,对学校大学英语教师专业自我发展进行严格管理等,实现其专业成长。

3. 校本培训实施的控制

自校本培训规划正式进入实施阶段后,一定要及时收集有关培训活动实施的相关资料,全方位地剖析开展现状和培训规划间的实际距离,并且在此基础上深入剖析形成距离的本质性原因,以便采取可行性举措来纠正偏差,与此同时要持续跟进和落实培训规划。培训实施的控制过程,如图4-1所示。

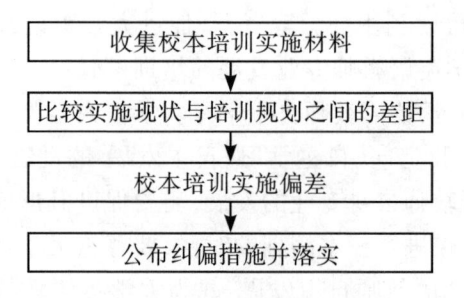

```
收集校本培训实施材料
      ↓
比较实施现状与培训规划之间的差距
      ↓
   校本培训实施偏差
      ↓
  公布纠偏措施并落实
```

图 4-1 培训实施的控制过程

(二)在反思中成长:注重教学反思

1. 大学英语教师的反思性特征

正如阿尔弗雷德·许茨(Alfred Schutz)在《社会世界的意义建构》中认为,如果行动只是朝向行动对象,这是没有意义的行动。只有在反思中将行动所获得的知识转变为经验,行动才会变得有意义。反思性不仅仅是一种属性,而且还是行动的内容。反思不论是个人层面还是行动的模式化层面,都是对已经发生的事件进行检视的过程和结果。对于大学英语教师的专业能力,一般有两种认知倾向和争论:到底大学英语教师是作为"技术熟练者"还是"反思性实践者"的身份存在于教学专业

第四章 建构主义视角下大学英语教师混合式教学能力的培养

活动中。对大学英语教师专业属性的明确定义以及相对应的专业角色的定位，对大学英语教师专业发展有重要意义。

大学英语教师专业发展一直是教学研究中的关注点，但是从相关的研究具体内容来看，研究的侧重点基本上都在探讨大学英语教师某种教学素养和能力的养成。大学英语教师的自我反思是大学英语教师作为专业教学人员所应该具备的一项重要能力。大学英语教师通过对从不同教学情境中所获得的经验进行反思，可以有效地促进大学英语教师的自我发展。有效的专业反思需要大学英语教师深入理解反思性教学的实际内涵，对于大学英语教师来说，反思应该是由一系列的批判性思维活动所构成的循环，并不断地通过反思来指导教学事件，这样有助于大学英语教师成为自身教学活动的评估者。与大学英语教师的反思性教学能力发展息息相关的，就涉及大学英语教师对于教学现场的实践经验的学习以及对各种资源的利用能力发展。行动学习是指大学英语教师在教学行动中通过对教学现场的理解并结合自身经验而进行决策的能力，与大学英语教师专业能力发展息息相关。行动学习作为大学英语教师现场式学习的一种有效途径，可以有效促进大学英语教师的多维专业能力发展，提高大学英语教师的批判性教学反思能力。

大学英语教师的教学事件无论是其实际的教学决策还是反思能力，都与大学英语教师利用与教学相关的资源情况有关。大学英语教师与各种教学相关资源之间的关系，被很多研究者认为是一种互动式的关系，大学英语教师既利用已有资源进行教学，同时也是教学资源的创造者。这种互动式的大学英语教师与资源之间的关系对大学英语教师在教学实践中的能力发展，特别是教学设计能力有重要的影响。从概念表面上看，这种理念与吉登斯的结构化理论有了呼应，但似乎还是有将资源作为独立于大学英语教师之外的某种客观性的存在，并特别关注大学英语教师与这种客观资源之间的互动关系模式。也有研究者将大学英语教师自身作为资源来对大学英语教师与教学资源之间的关系进行深入理解，并从更加注重大学英语教师教学能动性的角度来对大学英语教师专业发展进行研究。以自身为资源体现了大学英语教师注重自主专业意识、教学、科研、实践等方面的自主反思、自我规划、自我评估的专业发展模式。

对于沟通行动在教学活动中的作用，有学者认为交往行动有助于多元共生教学思维模式的形成，并促进新型教学方式。也有研究者认为权力的赋予有助于加强对大学英语教师个体层面的关注,有助于大学英语教师在教学行动中生成专业认同,形成专业共同体,促进教学行动和大学英语教师专业发展。

在教学活动中,行动者并非只有大学英语教师,但是教学活动中大学英语教师的主导作用及其教学权力决定了大学英语教师是教学行动中的行动者。以大学英语教师作为出发点来对教学行动及其相关要素之间的关系进行实证研究,并尝试理解大学英语教师的教学行动,对于教学研究有重要的实践意义。

教育教学改革的成败关键在于大学英语教师的教育教学理念,因此大学英语教师的专业发展应该注重从教育教学理念的形成和发展的角度进行探讨。大学英语教师教学理念的形成,在很多研究者看来与其知识有一定关系,却和工作中的同事、同伴的影响关系更加密切。因此,有研究者认为除了注重对大学英语教师自身的反思性教学能力以外,从大学英语教师团体的角度来对大学英语教师在与同事协作过程中的专业发展进行研究,也具有一定的实践意义。

作为大学英语教师队伍中特点鲜明,规模庞大的群体,同伴互助更有利于这个大学英语教师群体间的协作与反思。由于多方面的原因,大学英语教师中女性大学英语教师的数量比例一直较高。女性大学英语教师数量较多虽然在教学工作中是一个较为普遍的现象。这个现象的形成原因较为复杂,因此我们更应该将研究关注点投入到对这一特殊群体在现实情境中的专业发展上,而不是仅仅去讨论其形成原因。女性大学英语教师的多重社会角色需要我们对其职业生涯发展的影响因素进行进一步的人类学、社会心理学方面的探讨,有助于我们深入了解女性大学英语教师群体的专业发展和职业规划特点,并对其职业处境投入人文关怀。

女性大学英语教师的多重社会角色决定其职业规划和个人应对在其专业发展中所产生的重要影响,客观公正的大学英语教师专业发展管理和政策制定有赖于对这部分群体的深入研究。除了大学英语教师群体中的性别因素外,大学英语教师专业发展方面的研究也对新晋大学英语教师这一群体的研究投入了较多的关注。新晋大学英语教师作为教学一线的新生力量,带着新时代的教学观、教学价值观等新观念进入到大学英语教师群体中,在很大程度上对大学英语教师的专业发展、提高教学质量、推进教学改革起着相对重要的影响。

2. 大学英语教师进行教学反思的意义

大学英语教师进行教学反思,是以教学活动为对象,对教学中的教学方法、策略、手段、效果等进行全面审视、全面回顾和重新认识的过程。通过教学反思,大学英语教师能够产生新的更合理的教学方案与实践活动。

教学反思的本质在于实现理想与实践之间的对话,它是理想自我与现实自我进行沟通的桥梁。这里的"反思"是一种内省活动或者独处放松时自己的冥想,是需要大学英语教师认真努力进行的有目的、有系统的深刻批判与反省,与一般的反思有一定的区别。教学伴随着整个教学活动的始终,对整个教学活动进行监视,对自身的教学经验进行分析和总结。

大学英语教师对在校学生的影响主要为学术影响,大学英语教师在教学中表现出来的认真、严谨、实事求是的学术态度,能够在潜移默化中影响学生。因此,大学英语教师有必要加深自己的学术知识,提高自身的人格修养。学术知识更多地表现为理论的总结和专业知识修养,但教学要求大学英语教师具有将自己所知教给学生的教学能力。大学英语教师只有在经验中学习,培植反思意识,适时更新教学观念,发现、解决问题,打破陈规,逐渐使自己成长为一位优秀教师。

另外,大学英语教师专业成长是一个持续不断的过程,因此大学英语教师要不断地观察、反思、自我审视,以促进自身的不断发展。实践表明,每位大学英语教师的教学都会不可避免地存在与教育教学目标错位的现象,大学英语教师通过认真思考教育问题,能够更好地完成教学目标。

随着高等教育的发展和教育改革的不断深入,大学英语教师经常会面对一些新的教育思想、手段与方法等"新事物"。这要求大学英语教师不断更新自己的知识结构,调整情感和意志,掌握反思、研究教学的能力,形成对教学工作有帮助的新理论、新观念和新思想等,给自己一次认识教学经历的机会,不断提高自身的教学水平。

3. 大学英语教师教学反思的主要特点

大学英语教师的教学反思在目标上直接着眼于教学行为的改变,而不是为了获得某一知识。从根本上说,教学反思关注的是在实践中运用知识,形成教学反思能力,改善教学行为。

大学英语教师教学反思的内容,要实现陈述性知识与程序性知识、现有知识和探索出来的知识、理论与实践的结合。同时,它不仅仅关注所倡导的理论,更重视理论的实施及行为的结果。

大学英语教师教学反思形成方式多为实践性的,需要在实践中不断地练习以形成较高的反思能力。对于大学英语教师来说,要重视对教学技能的反思和教学策略的反思,从而促进教学质量的不断提高。

4. 大学英语教师教学反思的主要内容

第一,对教学观念的反思。大学英语教师要提高教学水平,使教学更富针对性,需要进行系统理论学习,反思教学观念,促进教育观念的深层次更新与转变,以利于更好地教学。

第二,对教学设计的反思。在这一反思中,大学英语教师要检查自己的思路,及时调整自身存在的不适当观念和行为。教学设计要因人、因材施教,尊重学生,建立民主、和谐的师生关系,营造良好的学习环境等。

第三,对教学过程、自身教学行为的反思。大学英语教师进行的各项反思内容,最终都需要通过具体的教学过程来实现。因此,大学英语教师要重视对教学过程、行为的反思,找出其中的优缺点,以使教学获得更理性的改善,使整个教学过程有序地进行。

第四,对教学反馈的反思。这要求大学英语教师采取不同途径对教学活动中学生学习各方面的情况进行信息收集和反馈,在此基础上开展分析研究。

5. 加强大学英语教师教学反思,促进其终身发展

大学英语教师的教学反思主要是其在教育教学过程中所遇到的难

第四章 建构主义视角下大学英语教师混合式教学能力的培养

题和困难,这些难题可大可小,通过大学英语教师的自我反思能顺利解决这些难题,提高教学效率。首先,大学英语教师作为教学反思的主体,反思的成效主要是由大学英语教师在教学反思中的积极性和主动性决定。其次,作为一名大学英语教师,其具有多学科的知识,因而进行教学反思的同时要注重不同学科间的相互联系,采用多种方式进行教学反思,如大学英语教师互相评价、组织专家学习、写教学日记等,提高大学英语教师的综合素质和专业能力。

此外,大学英语教师的自我反思很难做到深刻且全面,要加强同事之间的对话和交流,认真听取来自他人的意见,以便对自己所出现的问题有更全面、更深刻的了解,真正将教学反思作为提高专业发展的重要途径。大学英语教师在反思的过程中,不断更新自己的知识,结合最新的教育政策,加强学习各方面的知识,掌握多学科的知识,从而为全科教学打下坚实的知识基础。因此,作为大学英语教师自身要有主动进行教学反思的心向,这样才能加快其专业化发展的速度,提升其专业化发展的质量。

大学英语教师在进行教学反思的过程,也是一个贯彻终身学习理念的过程。大学英语教师作为知识的传授者,首先自己要有渊博的知识,而大学英语教师对掌握的知识有更高要求,即需要多门不同学科的知识,因此大学英语教师更需要通过不断学习,掌握更多的知识,只有这样才能承担得起全科大学英语教师的责任。当今社会的飞速发展,使得知识更新的速度不断加快,大学英语教师要与时俱进,紧跟知识更新的速度,通过各种形式,如参加网上学习等,不断扩充自己的知识体系,学会将新知识与课堂教学联系起来,提高学生参与课堂的积极性,在提高教学效率的同时,促进自身专业化的发展。

(三)在合作中发展:构建大学英语教师学习共同体

1.学习共同体的内涵阐释

学习共同体可以被称为一种特殊类型的共同体。这一概念是以共同体的概念为基础形成的。

我国学者卢强还从课堂教学的视角对学习共同体的内涵进行了重

新审视,并从有形场和无形场这两个层面建构了学习共同体,具体如图4-2所示。

其中的"无形场"具体是学习共同体宏观层面的建构依据和指导,是对共同体愿景的创生,是生成无形文化和使对话协商关系持续的内容。"有形场"是学习共同体实践的流程、方式与机制,具体涉及活动空间、活动体系以及交流与共享这几大方面的内容。

通过对上述学习共同体的概念进行分析不难看出,这一概念在长时间的发展中还与学习班集体、合作学习小组等概念存在着一些交叉,对这些相关的概念进行阐释分析有利于厘清学习共同体的边界,并对学习共同体的实质有更好的把握。

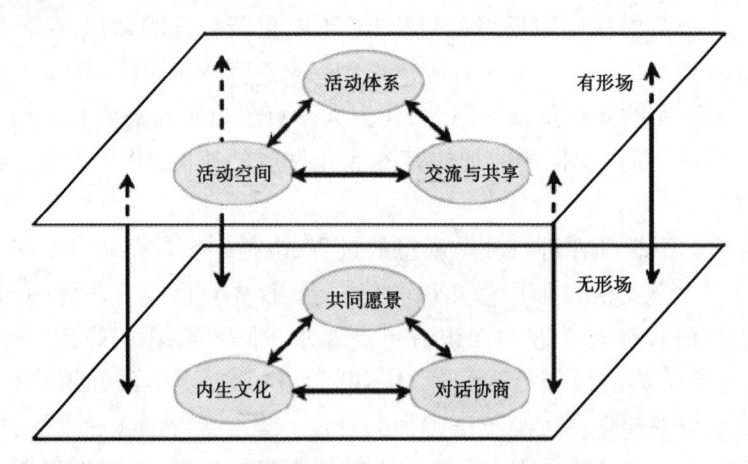

图4-2 课程教学视域下的学习共同体概念模型

(资料来源:卢强,2013)

2. 学习共同体与大学英语教师专业发展

构建大学英语教师学习共同体之所以是可行的,主要是因为大学英语教师构建学习共同体具有很多有利条件,具体如下。

(1)随着我国教育改革的进一步深化,大学英语教师在教材的选择使用、教学方法的运用、学生考核等方面的主动权不断增强。这是大学英语教师专业发展的必备条件。

(2)学校的每门学科都有自己的专业组织,便于形成科学高效的专业队伍,这是大学英语教师专业发展的一个重要因素。

第四章　建构主义视角下大学英语教师混合式教学能力的培养

（3）大学英语教师通常都接受过高等教育，其科研能力也达到了一定的水准。一定程度的科研能力为大学英语教师学习共同体中的"对话、分享、协商、反思"奠定了坚实的基础，有利于反思型大学英语教师、研究型大学英语教师的培养。

（四）在研究中发展：加强行动研究

1. 大学英语教师科研工作的特点

就目前看来，大学英语教师的科研工作有以下几个特点。
（1）工作业绩成果具有明显的滞后性
科研成果属于知识型产品，其周期长、转化慢，因此大学英语教师在科研方面所取得的业绩成果的价值往往不能立刻显现，而是需要较长的一段时间，带有明显的滞后性。
例如，很多科研成果转化需要专利申请、出让和市场化等多个环节，无形中便造成了业绩成果的滞后；有一些业绩成果是长期积累的工作业绩，也不能立即转化；还有一些科研成果是大学英语教师的个人兴趣或者个人需求，因此即使有了重大的科研成果或者进展，也有可能放置于实验室、科研报告或者少许的学术论文中。
（2）科研投入和产出关系的复杂性
大学英语教师科研投入和产出有着极为复杂的关系，这主要表现为以下两点。第一，科研活动的类型不同，科研工作的规律也不同，整个科研活动和过程也有较大差别，这就使得人力资本的投入和产出没有统一的模式。第二，不同的研究项目有不同的周期，有的为几个月，有的为一年，还有的为三年或更长的时间。这就必然造成科研投入与产出的时滞，从而增加了考核的难度。例如，近年来，由于学校排名风潮的盛行，搞科研的大学英语教师便因此急功近利，把发表论文数量和级别作为一项重要指标，这造成了大量的科研投入和产出严重失衡。
（3）科研业绩创造性的价值具有不可比拟性
在学校中，有些大学英语教师会花很长一段时间去潜心研究一个课题，这样他们虽然出的成果数量很少，三年甚至更长周期出一项成果，但是一旦出了一项成果，就是原创性的、高水平的、受到大家一致好评的成果。然而,有些大学英语教师一年内能研究很多课题、发表很多文章,这样虽然成果的数量很可观,但大多是应用类的,甚至有些研究成果是已有成果的翻版、拷贝。从上述情况来看,大学英语教师的科研业绩创造性的价值是不具有可比拟性的,如果单单从量化的角度考评,是难以比较的,也是不公平的。

2. 展开教育行动研究

(1) 教育行动研究的实施

所谓教育行动研究,就是教育工作者,或与研究者结合,在具体教育教学情境中,以解决教育教学实际问题为目的的一种教育科学研究类型。教育行动研究强调大学英语教师的主体地位和教育教学实践的理性化,强调大学英语教师与教育理论工作的结合。大学英语教师专业自主发展最重要的一条途径在于"使大学英语教师成为研究者",开展教育行动研究,无疑能够大大提高大学英语教师的理论述评和实践能力,提高大学英语教师的科研能力。在开展相关的教育行动研究中,应该注意以下几个方面。

第一,健全行动研究的外部机制。建立良好的学校管理制度和评价制度等外部机制,能够有效调动大学英语教师进行教育行动研究的积极性和主动性。为此,学校要认同、尊重和理解大学英语教师的专业地位和主体地位,给予学校大学英语教师一定的自主权,使学校大学英语教师真正成为学校的主人。另外,还应该为大学英语教师提供理想的职业环境,发挥大学英语教师自身的专业潜能和创新能力。学校激励大学英语教师开展教育行动研究,要重视为大学英语教师提供制度保障。

第二,提供相关的研究资源。学校大学英语教师通过进行教育行动研究进行学习、促进自身专业发展过程中,必然会受到一系列主客观因素的限制。此时,需要加强科学管理,发挥自身在人力、物力、财力、时间、空间和信息等方面的作用,以不断培养高素质的研究型大学英语教师队伍。学校要为学校大学英语教师创造实现其知识更新的有效途径和有利平台,使大学英语教师能够在一个宽松、民主的研究氛围中,围绕着日常教育教学问题进行教育行动研究,不断实现自身专业的发展。

(2) 教育行动研究的具体步骤

一个典型的教育行动研究,包括计划—行动—观察—反思四个环

第四章 建构主义视角下大学英语教师混合式教学能力的培养

节。随着对研究的不断反思和深入,很可能还需要两轮或三轮循环的行动研究,即深化为:计划—行动—观察—反思—再计划—再行动—再观察—再反思,如图 4-3 所示。

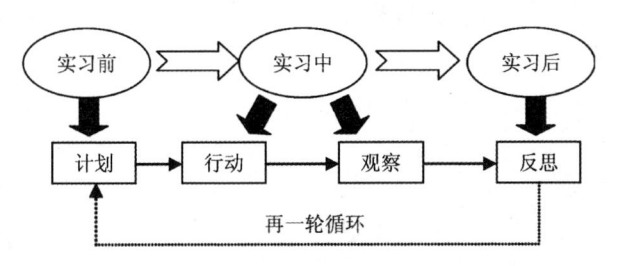

图 4-3 行动研究路线图

第一,计划阶段。厘清本行动研究的总体设想和行动目标,分析教师教育者对大学英语教师实习实践成效的影响。预期通过本次行动研究,大学英语教师在实习教学效果上有明显改善。

第二,行动阶段。对教师教育者的落实和检验。一方面作为行动者,将本行动研究计划付诸实施;另一方面,作为研究者,监控行动研究进展,搜集数据资料,实时观察行动过程。此外,因持续时间跨度较长,此处的"行动"还可以理解为"行动干预",既包括导师个人层面的行动措施,又包括组织单位层面的行政和教务方面对双导师制的改革和推进。

第三,观察阶段。灵活使用问卷和访谈,深入师生群体,观察大学英语教师的课堂实践授课效果,搜集、整理、复印教师教育者对大学英语教师的评价记录以及教育行政部门与教师教育者的交流和会议记录。

第四,反思阶段。归纳整理上述各种材料,对每一名参与大学英语教师教育活动的人员进行描述与评估,从而对本次行动研究的过程和结果进行评价和判断。同时,分析成效高低的原因,反思教训和不足,设计进一步提升路径。

近几年,随着在线课程、翻转课堂被越来越多地引入大学英语教学的课堂中,混合式教学的优势日渐凸显。然而与在线课程的广泛应用形成强烈对比的是大学英语教师对混合式教学的认知缺失以及混合式教学的能力发展不足等问题。与传统的大学英语教学不同,混合式大学英语教学对大学英语教师的教学能力提出了新的发展要求,专业能力、学术研究能力、信息化能力等问题亟待解决。因此,本章重点探讨了建构主义视角下大学英语教师混合式教学能力的培养,包括大学英语混合式教学中大学英语教师角色的定位、专业素养构成以及专业发展,以期为大学英语教师混合式教学能力的提升起到促进作用。

第五章 建构主义视角下大学英语混合式教学的评价体系

基于大学英语混合式教学,健全过程性评价,探索应用全方位、多层次的教学评价手段,对促进教育教学改革、提高人才培养质量具有重要意义。本章结合大学英语混合式教学的情况,试图构建大学英语混合式教学评价体系,开展混合式教学评价研究与实践,以期提升大学英语混合式教学评价的有效性。

第一节 大学英语混合式教学评价的内容

一、教师评价

在大学英语混合式教学过程中,教师占据着主导的地位。教师素质的高低对教学效果、学生的健康成长等有着直接的影响。因此,对教师素质的评价就成了教学评价的基本内容之一。具体而言,对教师素质的评价主要包含如下几点。

(1)对教师工作素质的评价,包含教学质量、教学成果、教学研究、教学经验等。

(2)对教师能力素质的评价,包括独立进行教学活动的能力、独立完成教学工作量的能力等。

(3)对教师政治素质的评价,包含工作态度、遵纪守法、为人师表、教书育人、政治理论水平、参与民主管理、良好的文明行为、坚持四项基本原则等。

（4）对教师可持续发展素质的评价，包含教师发展的潜能、自觉求发展的能力、接受新方法与新理论的能力、本身的自学能力等。

二、学生评价

大学英语混合式教学评价应该从教学目标出发，对学生的学习程度、学习现状、学习能力、综合素质等方面进行考察。由于当前社会的迅猛发展，对人才素质的要求也在不断提高，因此对学生的评价不单单是学业评价，还有学力评价与品德、人格的评价。下面就对学生评价的这三大成分展开分析。

（一）学业评价

学业评价是大学英语混合式教学中最基本的、最传统的学生评价，是指从课程标准所规定的学习目标、学习内容出发，对学生的学习过程、学习成果进行评价。一般来说，学业评价的基础是测量，因为测量能够反映学生的学习过程和学习效果，从而对学生进行价值判断。

为了确保评价状况和评价结果的准确性，学业评价可以采用多重手段，如诊断性评价、形成性评价、安置性评价等，其适用的测量工具也有很多，如自我报告清单、预备性测验、成就性测验等。

但是，就当前大学英语的学业评价来说，其存在着许多矛盾和困惑，主要体现在评价理念和评价方法上。因此，为了更加提升学业评价的质量，应该对学业评价的四种模式有一个清晰的了解。

（1）目标模式。该模式将学业评价看成是学生学习结果与预期目标相比较的过程，强调课程目标的价值，即学业评价的目的在于为课程决策服务，因此通常会选用终结性评价。

（2）主体模式。该模式将学业评价看成是评价者与被评价者之间意义构建的过程，强调学生的主体价值，即学业评价的目的在于为学生的自主发展服务，因此通常会选用自参照评价。

（3）诊断模式。该模式将学业评价看成是诊断与改进教学和学习的过程，强调教学诊断的价值，即学业评价的目的在于为改进教学服务，因此通常会选用诊断性评价。

（4）过程模式。该模式将学业评价看成是评价学生的全部学习过

第五章　建构主义视角下大学英语混合式教学的评价体系

程,强调教学过程的价值,即学业评价的目的在于为学生的社会化发展服务,因此通常会选用过程性评价。

(二)学力评价

学力评价也是大学英语混合式学生评价的一项重要层面,是指学生在学业上达到的程度,如通过学习,学生所达到的知识水平、所获取的技能水平、所具备的学习潜力。

对学生进行学力评价的目的主要包含以下三点:一是了解学生的学习能力及个体差异,二是为实现教师的既定教育目标提供资料,三是为培养学生的综合能力服务。

可见,开展学力评价不仅对于教师的教、学生的学有重要作用,而且有助于学生进行元认知监控。一般来说,学力评价的手段有很多,如实验法、观察法、评定法等,最常用的手段就是智力测验与标准学力测验。

(三)品德与人格评价

除了学业评价、学力评价,学生的品德与人格也是学生评价的重要内容。在教学中,教师的责任不仅是传授知识,更重要的还需要对学生的品德与人格进行教育。因此,对品德与人格的评价也就成了学生的评价的一部分。这一评价主要侧重于教学内容的思想性和科学性对学生的品德与人格产生的影响和变化的测定。

三、课程评价

大学英语课程评价可以定义为:评价者依据大学英语课程的目标,以系统化的方式收集课程设计、教学实施、教学效果、师资队伍建设等各环节的相关信息,采用科学的分析方法,判断大学英语课程的内在品质(即是否达到了预期的质量标准)和外在效用(即是否满足了社会对大学生英语能力的需求),以推动大学英语课程改革,实现提高大学英语教学质量的目标。

据此定义,在目前阶段,构建大学英语课程评价体系的主要任务如下。

（1）建立课程评价指标体系，制定各项指标的评价标准，并将其融入大学英语课程体系，作为课程的一个重要组成部分。

（2）完善课程评价制度，探索评价方法。

（3）培训评价人员，建立专业评价机构。

由于社会发展对外语能力的迫切需求，大学英语课程一直是全国所有本科院校都开设的基础必修课程。该课程的主要特点是受众面广、关注度高。但是，由于各高校的学生起点、教学条件和教学资源千差万别，师资水平也高低不一，因此大学英语课程评价应既考虑该课程的共性，又兼顾各地区、各高校和学生个体的特性。在操作层面上，大学英语课程评价应采取分层分类的方式进行，其中层面指国家、省市、院校、教师和学生等多级层面，类型指学术性研究型大学、专业性应用型大学或学院、职业性技能型院校（高职高专）等不同类型的院校；大学英语课程评价需要宏观和微观相结合，既开展国家或地方层面的整体性评价，也需要在学校乃至教师和学生个体层面开展细致的教学评价。

四、教学过程评价

在当前的高校教育中，大多数教学评价都侧重于教学结果、学生的学习成绩，却忽视对学生在整个学习过程中整体的评价。基于此，学者们从形成性评价中延伸出了一种新的评价——对教学过程的评价。一般来说，教学过程评价可以从两个层面分析：一是对教学过程的系统性评价，二是对教学过程各个环节的评价。

（1）对教学过程的系统性评价。教学过程的系统性评价是以某一课时、某一章节的教学目标和内容为单位，对课前学习、课堂教学、课后练习等一个完整的教学过程的系统性分析和整体性评价。也就是说，这一评价虽然将教学环节、教学活动等囊括在内，但是更强调教学过程的系统性与整体性。

（2）教学过程各个环节的评价。教学过程各个环节的评价是对教学过程中的课前学习、课堂教学、课后练习、课外学习等各个环节进行观测和评价，目的在于引导教师对各个环节的教学活动都有一个精心的设计和把握，使各个环节的教学活动都更有意义。

在现代教育理念中，"以学生为主体"的思想逐渐成为现代教育的基本理念和方向。大学英语教师必须在英语教学的过程中，树立全新的教育观和发展观,从而使课程教学与学生发展紧密地结合起来。而要想在课程评价中,突出学生的主体性,就需要从评价主体的角度出发,充分激发学生参与课程评价的积极性和主观能动性,使学生成为课程评价的核心。进而在多元评价的支持下,加深课程评价对学生学习、生活的影响,最大限度地提升课程评价的质量和效率。与此同时,也能使教师更好地增进学生和教师之间的情感联系,构建平等的协商和对话关系,使课程评价贯穿到整个英语教学的过程中。

五、教学管理评价

大学英语混合式教学管理评价对于教学工作来说也有着重要意义,为大学英语教学管理工作指明了方向。要想恰当、准确地对大学英语混合式教学管理进行评价,首先需要了解大学英语混合式教学管理的概念。所谓教学大学英语混合式管理,是指以大学英语混合式教学的规律和特点为依据,对大学英语混合式教学工作进行计划、组织、控制和监督的过程。而大学英语混合式教学管理评价就是对这一过程和结果进行评价。通过大学英语混合式教学管理评价,评价者可以发现大学英语混合式教学管理中的问题,并及时对当前的大学英语混合式教学管理工作进行改进和加强。

在进行大学英语混合式教学管理评价时,需要明确两个层面的内容。

(1)评价的内容。大学英语混合式教学管理评价包含对学校及下属单位教务管理评价、大学英语混合式教学课堂管理的评价。

(2)评价的指标。大学英语混合式教学管理评价的指标应该是科学的、合理的。一般来说,评价指标包含教学计划、教学规章、教学检查、教学实施、教务工作等。

第二节 大学英语混合式教学评价的原则

原则就是规律的反映,教学评价原则反映的是大学英语混合式评价的规律。要想对大学英语混合式教学评价有一个真正的把握,还需要掌握一定的教学评价原则。根据这些评价原则来制订评价手段和方法,才能与教学评价规律相符合,才能与教学规律相符合。

一、发展性原则

发展性教学评价原则是根据发展性理念,提出一定的发展性目标和发展性的评价方法与技术,对大学英语混合式教学过程中的教与学的状态进行价值评判。与传统教学评价指标不同,发展性教学评价不仅注重教师的主导地位,还注重学生的主体地位,对学生进行学习评价是发展性教学评价的核心。

在大学英语混合式教学中,教师应该构建创造性、教育性、操作性、实践性的以学生为主体的教学形式,让学生主动参与和思考,且主动实践,以实现学生的综合能力发展。过程与方式、知识与技能、情感与价值观是发展性教学评价原则的重要内容。

二、差异性原则

由于受生活环境、家庭背景的影响,每一位学生都会有着自身的个体特征,即每一位学生都存在着自身的差异。另外,在教学过程中,教师对不同的学生也会有不同的指导,这也导致学生的发展存在很大差异。因此,针对这一情况,在进行教学评价时,需要遵循差异性原则。

在大学英语混合式教学评价中,教师首先对不同学生的差异性有一个基本的认可,并根据不同学生的水平和要求来制订不同的学习要求,在这一基础上建立一种和谐、平等、尊重、理解的师生关系,这有利于构建良好的课堂教学氛围。在这样的教学氛围中,学生才能积极地发表自己的观点和见解,在教师的鼓励下充分地发挥自己的个性。

对于中等以上水平的学生而言,教师需要给予适当的指导即可,从而更好地促进学生的长远发展。

对于中等水平及以下的学生来说,教师需要不断地激发学生的学习潜能,灵活地运用各种教学手段调动学生的主动性与积极性,最终不断地提高学生的学习能力。

三、导向性原则

大学英语混合式教学评价是根据一定的教学目标制订的,其通过对比现状与目标之间的距离,能够促进被评对象不断接近既定的目标。因此,教学评价具有导向的功能。

大学英语混合式教学评价并不是单一的评价问题,其评价目标也不仅仅是评优与鉴定,而是在此基础上引导教师更新观念,将新的观念展现在具体的教学过程中,从而激励教师在内心深处产生一种研究欲望。在对教学活动的评价上,教师需要充分调动教师和学生的积极性和主动性,力求为教学双方在教学活动中展现自身的潜质,构建出恰当的评价方法与体系。但是,在构建评价体系标准的过程中,发挥评价的导向原则是必然的,并将这一原则贯穿于始终。

第三节 大学英语混合式教学动态评价体系的建设

一、大学英语混合式教学有效性评价的指标构建

大学英语混合式教学有效性评价的具体指标如表 5-1 所示。

表 5-1 大学英语混合式教学有效性评价的指标

一级指标	二级指标	评价标准
教师素养	1.1 教师责任心与态度	对教学有热情,尊重、关心、帮助学生;责任感强,传递正能量,以良好的师表行为去影响学生;教学态度认真,治学严谨,备课充分
	1.2 教学改革与信息素养	教学改革遵循教育教学规律,贴近时代发展的要求;熟练运用通用的和专业的信息技术工具;熟练使用学校网络教学平台,将在线和面授两种方式有机整合
教学设计	2.1 教学目标	教学目标融"知识传授、能力培养、素质教育"于一体,鲜明易懂,难易适度,可操作性强
	2.2 教学内容	教学内容恰如其分地反映了教学目标;能联系和反映学科进展;实验课程内容(含独立设置的实验课)能有效培养学生的实践能力和创新能力

续表

一级指标	二级指标	评价标准
	2.3 教学策略	有恰当的教学方法、手段与组织形式引导学生完成学习任务,实现教学目标;注重研究性学习,体现以学生为主体、以教师为主导的教育理念
在线学习	3.1 网络学习资源	网络教学平台内教师信息、课程简介,课程标准、教学日历等内容翔实;课件、教案、问题集、案例集、学生作品集等更新及时,试题、试卷库题量丰富,并能有效共享;为学生个性化学习、拓展性学习提供了有效的文献资料
	3.2 课前预习与作业	学生能有效利用在线学习资源进行自学;课前预习和课后作业任务明确,且任务量适度;学生能够利用在线学习平台实时监测自学效果
	3.3 小组协作与教学反馈	小组学习任务设置适当,成员团结协作精神好;课程讨论区使用率高,线上互动活跃;对课外学习给予指导和建议,对作业、作品、测验等进行批阅,要反馈及时
课堂教授	4.1 课堂内容的讲解	围绕在线学习产生的共性问题,有针对性地安排授课内容;对问题的讲解思路清晰、深入浅出、重点突出
	4.2 混合式教学方法的使用	灵活运用多种方法的配合和转换,通过学生讲课、演示、角色扮演等方式体现学生的主体性;能有效设疑和组织讨论,启发学生独立思考和创新思维;通过课堂测验、习题等方式加强对知识的巩固和理解
	4.3 学生发展与课程考核	面向全体学生,关注个性差异,注重优生培养和差生转化;充分利用网络教学平台收集信息,建立恰当的形成性课程考核方式,有效促进学生学习能力的发展
教学效果	5.1 基本知识、技能与应用	理解基本概念和原理,掌握基本实践技能;有能力把相关概念、原理和技能应用或推广到现实生活或其他新情境中,如专业英语学习、四六级
	5.2 学习兴趣与自学能力	对本门课程学习有兴趣;能有效利用互联网和其他信息技术工具;自学的意识和能力提高

二、大学英语混合式教学有效性评价实施的具体策略

（一）明确大学英语混合式教学有效性评价的分类

在大学英语混合式教学中,要想确保评价的有效性,就应该由专家、

学者、教师以及学生共同完成。大学英语混合式教学有效性评价要真正实现定量评价和定性评价、形成性评价和总结性评价、对个人的评价和对小组的评价、自我评价和他人评价之间的良好结合。常见的大学英语混合式教学有效性评价如下。

（1）诊断性评价，指在某项教学活动开始之前对学生的知识、技能以及情感等状况进行的预测。

（2）形成性评价，指在某项教学活动过程中，为更好地达到教学目标而不断进行的评价。

（3）总结性评价，指在教学活动告一段落后，为了解教学活动的最终效果而进行的评价。

（二）应用大学英语混合式教学网络评价系统

在网络影响下，大学英语混合式教学有效性评价体系也得到了进一步完善与发展。当前，基于互联网技术构建的大学英语混合式教学有效性评价系统有如下几个方面。

1. 大学英语混合式教学实时评价系统

大学英语混合式教学实时评价系统以网络通信手段为依托，通过利用文字、图片、音频、视频等方式进行相互交流，在沟通过程中实现具体的评价。利用这一评价系统，学生可以不再受时间、空间方面的限制，及时获取教师的有效反馈。这一系统可以帮助教师有效监控、管理学生的学习，可以大大提升学习效率。

2. 大学英语混合式教学考试系统

大学英语混合式教学考试系统通常涉及针对学生的考试系统、题库系统、自动批阅系统等。学生可以随时随地登录这一系统，从题库中抽取试题进行回答，在完成之后系统就会给出结果，对学生的题目回答情况进行评判。教师可以利用这种系统进行阶段性测试或者综合性测试，学生也可以自由控制题型、时间、难度等。大学英语混合式教学考试系统通常可以自动生成答案，并且给出评估报告，对学生的学习风格、学习效果、学习倾向等进行汇报。

3. 大学英语混合式教学答疑系统

大学英语混合式教学答疑系统一般包括在线讨论、互动交流两种形式。当前，很多外语教学网站中都设置了在线互动讨论区，学生在这个讨论区中可以自由发帖发表自己的学习看法与成果，并通过回帖与其他学生进行沟通与互动。大学英语混合式教学答疑系统可以对学生提出的知识难点进行记录，教师可以通过系统记录的难点分析学生的学习情况，并进而发现自己教学中存在的问题，及时调整与改变教学策略。采用大学英语混合式教学答疑系统的搜索引擎功能，学生可以快速得到问题的答案。

（三）掌握大学英语混合式教学有效性评价的常用形式

大学英语混合式教学有效性评价关注的是对学生学习情况的鉴定与调节。通过大学英语混合式教学有效性评价，教师能够了解学生真正的学习难点，从而以此指导课内教学活动的设计。大学英语混合式教学有效性评价也非常关注学生的学习过程，如学习安排、学生的问题选择、独立学习表现、小组学习表现、结果表达和成果展示等面。大学英语混合式教学有效性评价中常用的评价形式主要有以下几种。

1. 在线测试

在线测试主要是通过网络技术进行学习效果的检测。网络平台能自动收集学生的测试结果，并能自动完成测试批改和分析等工作。根据大学英语混合式教学模式的学习目标，可以采用的在线测试形式有低风险的自我评价、在线测验等。

（1）低风险的自我评价。它主要用来帮助学生判断自身对自主学习内容的理解程度，是一种能快速反馈的评价方式。

（2）在线测验。它以单项选择、多项选择和填空题为形式，主要考查学生对学习内容的识记和理解。

第五章　建构主义视角下大学英语混合式教学的评价体系

2.课堂概念测试

这是一种简短、具有针对性的非正式学习评价方式,通常针对一个知识点设置1至5道多选题,学生通过举手、举指示牌或选择器回答问题。概念测试的主要目的在于获得学生对当前讲述知识点的理解程度,以便教师进行教学调整。这是一种低风险的评价方式。

3.概念图评价

概念图是一种用节点代表概念、用连线表示概念间关系的图示法。它能反映出学生的思维与知识点之间的关系。例如,教师可以针对课外学习内容给出一份不完整的概念图,让学生填补空缺的概念及概念间的逻辑关系,以此了解学生对所学概念的理解程度,并适当地安排进一步的教学活动加深学生对某些薄弱概念的理解。

4.同伴评价

同伴评价是由合作学习的同伴对学习者做出的评价。它有利于学习者更好地参与到小组学习活动中,从而培养学习者的合作精神。

(四)把握大学英语混合式教学有效性评价的常用工具

大学英语混合式教学质量评价往往借助评价工具来收集资料。以下是大学英语混合式教学模式评价常用的一些工具。

1.结构化观察表格

结构化观察是人们通过感觉器官或借助一定的仪器,有目的地对自然状态下的现象进行考察的一种方法。这种方法主要用来收集学生的学习行为反应信息。表5-2是用于观察学生在课堂中出现不集中注意行为的表格。

表 5-2　学生出现不集中注意行为的观察记录表

	0～5	5～10	10～15	15～20	20～25	25～30	30～35	35～40
S_1								
S_2								
S_3								
S_4								
……								
S_m								

（资料来源：柯清超，2016）

2. 态度量表

态度量表是针对某件事物而设计的问卷。被试者对问卷所做的反应，反映了被试者对某事物的态度倾向。态度量表主要用来收集学生的学习态度反应信息。表 5-3 是为了了解学生对课堂教学的态度所设计的量表，针对的问题是"您对该节课感不感兴趣？"

表 5-3　态度量表设计实例

很感兴趣	感兴趣	不感兴趣	很不感兴趣

（资料来源：柯清超，2016）

3. 形成性练习

形成性练习是以各种形式考核学生对本学习单元的基本知识的掌握程度，如表 5-4 是一个形成性练习设计实例。

表 5-4　形成性练习设计实例

知识点	学习水平	题目内容
什么是限制性定语从句？	理解	判断（正确就打√，错误就打 ×） It is Mount Tai that lies in Shandong Province.

（资料来源：柯清超，2016）

第五章　建构主义视角下大学英语混合式教学的评价体系

4. 同伴互评量规

同伴互评是开展合作活动常用的过程性评价,其实施可以借助类似表 5-5 的互评量规进行。

表 5-5　小组活动互评表

评价内容		较满意	满意	很满意
我觉得我们组	(1)自觉完成了教师布置的任务			
	(2)与伙伴们相处融洽			
	(3)我们组学到了一些知识			
其他同学认为我们组	(1)能自觉完成教师布置的任务			
	(2)大部分时间里提出的意见对小组有帮助			
	(3)对我们组的总体表现是喜欢的			
教师夸我们组	(1)乐于完成学习任务			
	(2)在活动中积极表现自己的想法			
	(3)喜欢与其他组沟通交流			
我们组得到了	＿＿＿＿颗星			

(资料来源:柯清超,2016)

(五)掌握大学英语混合式教学有效性评价的一般方法

当前的大学英语教学主要以终结性评价为主,而为了保证与当前社会发展相适应,还需要实行形成性评价,这样才能使教学的属性完整地体现出来。

1. 学习档案评价法

学习档案评价法是当前应用较为广泛的评价方法。所谓学习档案评价法,是指对学生个体的各种信息进行收集。一般来说,其收集的内容具有多样性与动态性。

学习档案积累的材料代表的不仅仅是结果,而是学习过程与学习活动,其包含选择学习内容、比较学习过程、进行目标设置等。[1] 学习档案评价可以有效提高学生的自主学习能力。[2]

在档案建立之前,教师可以组织家长与学生阅读学习任务,理解档案构建的必要性,并对如何构建、使用进行指导,为以后有效地使用档案袋做准备。一般来说,构建的流程如图 5-1 所示。

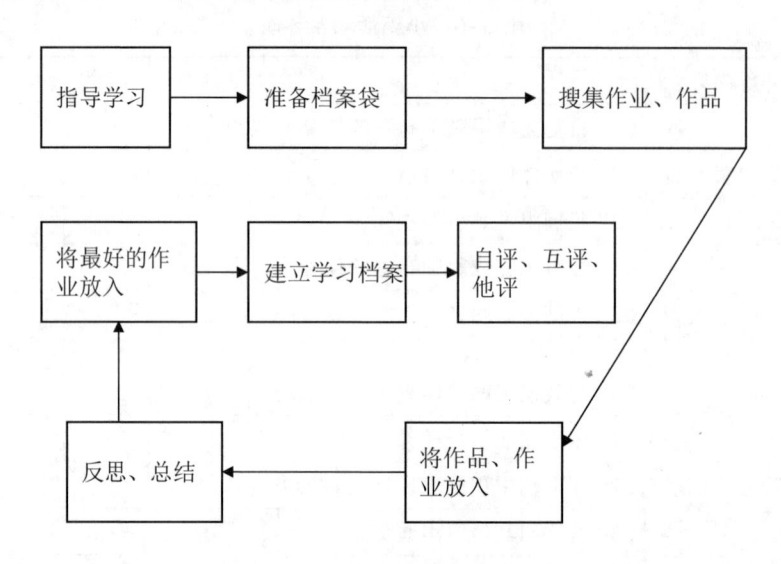

图 5-1 学习档案构建流程

(资料来源:任美琴,2012)

2. 自我评价表

自我评价表(self-evaluation questionnaire)的设计可以采用量规方式,也可以采用问卷调查表的形式。

①量规。量规是一种结构化的定量评价标准,往往是从与评价目标相关的多个方面详细规定评级指标,具有操作性好、准确性高的特点。

在评价学生的学习时,运用量规可以有效降低评价的主观随意性,可以教师评,也可以让学生自评或同伴互评。如果事先公布量规,还可

---

[1] 罗少茜. 英语课堂教学形成性评估研究[M]. 北京:外语教学与研究出版社, 2003.
[2] 刘梦雪. 通过自我评估训练促进自主式英语学习的实证研究[J]. 疯狂英语(教师版),2009(04):54-57.

第五章　建构主义视角下大学英语混合式教学的评价体系

以对学生学习起到导向作用。此外,让学生学习自己制定量规也是很重要的一个评价方法。

②问卷调查。问卷调查是通过提问题,让学生通过自己的实际情况进行判断,并做出回答。问卷调查表可以帮助学生通过回答预先设计好的问题来产生某种感悟,从而促使他们对自己的学习过程和学习结果进行重新审视和修改,提高他们的自主学习能力。

3. 行为表现评价法

所谓行为表现评价法,即教师通过对学生在某项活动中的表现,对他们的行为进行的评价。从学生的行为来评价,有助于教师和学生发现自身的优缺点,从而制订出符合学生的学习计划。大学英语混合式教学质量评价对行为表现评价法非常看重,并将其作为评价的一个重要手段。

一般来说,行为表现评价法具有如下特点:要求学生对学习成效加以展示,对演示过程的细节提前进行展示,对演示的过程进行直接的观察,根据标准对行为展开评价。

由于评价需要根据一定的标准,因此在制订行为表现评价法的标准时,需要考虑从学生的实际情况出发来制订,标准不高不低;目标要细化、具体,便于学生明确;标准具有诊断性的特征,便于学生明确自身的优缺点;标准要具有连续性的特征。

制定了评价标准之后,学生的学习行为便有了方向,接着教师就需要进行评价,具体可以采用如下几种方法。

①观察。在行为表现评价法中,观察法是主要的手段,教师根据教学目标,对学生的课堂表现进行观察,从而做出判断,并做出有深度的、细致的分析。有时候,会运用录音、录像等手段,便于之后的分析与判断。一般来说,教师进行观察时需要注意如下几点。

其一,观察学生是否向目标迈进。

其二,观察学生是否获得预期发展。

其三,发现学生学习中的问题,并制订计划进行辅助。

其四,观察学生是否体会到学习的乐趣。

其五,观察学生是否重复运用一些学习技巧。

其六,观察标准是否与学生实际相符。

观察的方式有很多，其中日常记录是非常重要的手段，即对学生的学习情况进行记录。

②量表。评价量表是对观察进行记录的工具，其使用往往以表格形式呈现，描述教学的某一层面或某一特定行为，因此量表的运用有助于教师学生了解自身的优缺点。

4.信息技术评价法

信息技术评价法的评价过程可以划分为制订评价标准、应用评价标准进行测量、划分测量结果等级、给出评价结论四个步骤，如图 5-2 所示。

```
制订评价标准
    ↓
应用评价标准进行测量
    ↓
划分测量结果等级
    ↓
给出评价结论
```

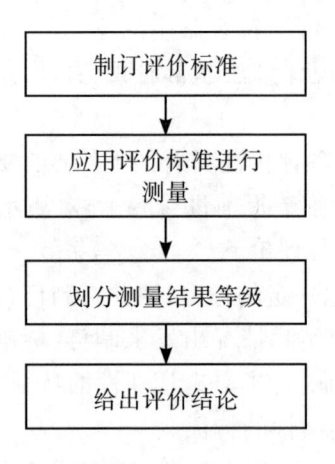

图 5-2　评价过程

（资料来源：赵波、段崇江、张杰，2014）

（1）制订标准。制订评价标准的过程就是把评价目标的主要属性细化为一系列具体、可测量的指标的过程。划分好的指标构成一个相对完整的评价指标体系，它能反映评价目标的主要特性。经过划分后可以得到多媒体作品质量评价的一个指标体系，如图 5-3 所示。

第五章 建构主义视角下大学英语混合式教学的评价体系

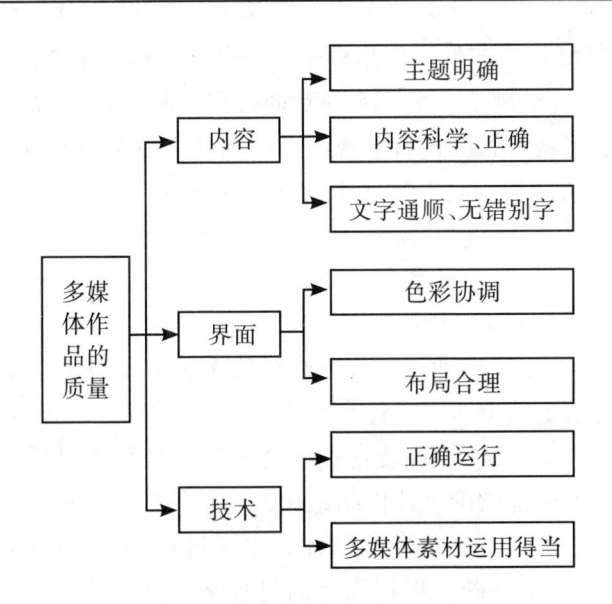

图 5-3　多媒体作品质量评价的一个指标体系

（资料来源：赵波、段崇江、张杰，2014）

每一个指标对于反映评价目标来说，它们的重要性程度是不一样的，重要性程度用权重来表示。教师可以给多媒体作品质量指标体系赋予分值，如图 5-4 所示。

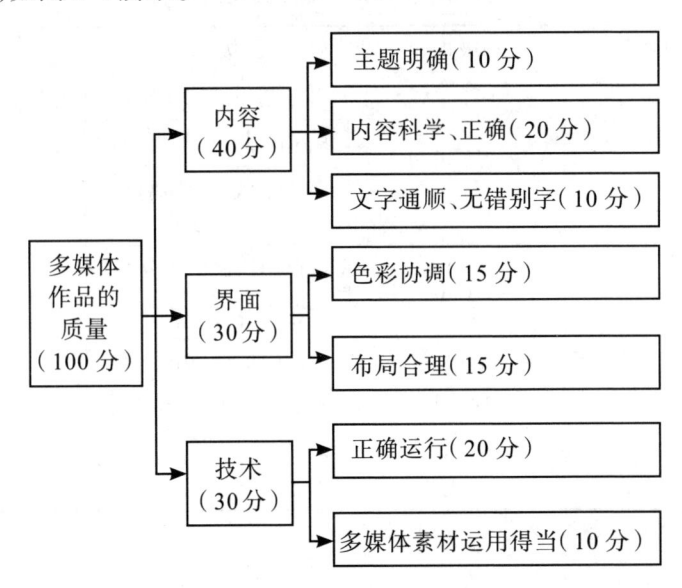

图 5-4　多媒体作品质量评价指标体系及指标权重

（资料来源：赵波、段崇江、张杰，2014）

（2）进行测量。测量是依据评价指标体系，用数值来描述评价对象的属性的过程。测量是一个事实判断的过程，即测量是反映评价对象的客观状态，不对这种状况进行主观评判。凡是测量都需要有测量的标准或法则，这是测量的工具。教学中的测量工具不像测量身高用的皮尺、测量体重用的秤一样直观，需要评价者按照评价标准中的每一个指标对评价对象做出实事求是的判断。依据图5-4，可以制作出测量多媒体作品质量评价表，如表5-6所示。

（3）划分等级。教师需要对评价对象实施测量以后的测量结果进行界定，界定这个结果达到了什么程度。

（4）给出结论。评价的最后一步是根据测量结果对评价对象进行价值判断，给出评价结论。评价结论包含了被评价内容能否通过评价的判定，有时候也会对评价对象达到什么水平进行界定，并且对评价对象的优势与不足做出判断。根据以上的过程来看信息技术大学英语混合式教学质量评价，可以发现教学中通常采用的纸笔考试并不是评价的全部。考试是评价中的测量环节，考试成绩（即测量的结果）并不是评价要得到的唯一和最终结果，如何使用学生的考试成绩分数是每一位教师都应该关注的问题。

表5-6 多媒体作品质量测量表

评价目标	一级指标	二级指标	得分
多媒体作品质量（100分）	内容（40分）	主题明确（10分）	
		内容科学、正确（20分）	
		文字通顺、无错别字（10分）	
	界面（30分）	色彩协调（15分）	
		布局合理（15分）	
	技术（30分）	正确运行（20分）	
		多媒体素材运用得当（10分）	
总分			

（资料来源：赵波、段崇江、张杰，2014）

第五章　建构主义视角下大学英语混合式教学的评价体系

三、建构主义视角下大学英语多元评价机制的建设

（一）建构主义视角下的多元评价体系

建构主义理论强调主动建构、情景教学、合作学习和对学习环境的设计；教师要为学习者提供各种资源，鼓励学习者主动探索并完成知识构建。由此可见，建构主义视野下的大学英语教学评价应该是对教师、学习者、课程进行全面评价。在该体系中教师不仅进行评价活动的组织和记录，还要在评价过程中指导和帮助学生，同时必须培养学生独立学习的能力、与他人合作的能力及自主性、主动性和能动性。评价要以激励学生的学习和改进教师的教学为目的，使学生在学习过程中体验进步与成功的喜悦，使教师能适时调整教学策略，提高教学效果。

1. 对教师的评价

一般来说，对大学英语教师的评价主要包括教师自评和教师互评两种形式。这两种评价形式如果利用得当都能取得不错的评价效果。在大学英语教学中，并没有一个统一的评价标准，也不存在一个万能的评价标准，要具体问题具体分析。例如，评价大学英语教师的备课情况时，要看其是否研究了教学内容和学生的具体情况，是否认真研究了教学目标、教学内容和教学方法，是否制订了合理的教学方案。而在评价大学英语教学组织情况时，就要看是否采用了适宜的教学手段与方法，如果教学手段和方法不当则难以取得理想的教学效果。

2. 对学习者的评价

（1）评价内容——以认知能力为主，结合非智力因素评价

多元完备的教学评价体系不仅注重对学生认知能力，如学生的基本知识和各项技能的评价，还要重视对学生非智力因素的评价，特别对学生在情境教学中的兴趣态度、自信心、学习习惯、学习策略、自主能力、情感品德、创新能力、合作精神等进行评价，以此提供全方位、多层次和

综合性的过程信息,激发学生自主性学习意识,提高学生的内省智能,促进学生全面发展,达到全面评价的目的。

（2）评价主体——以教师评价为主,结合学生自评和小组评价

建构主义强调学习者是自身知识构建的主体,相应的教学评价也应由单一的教师评价变为学生自评、学生互评和教师评价相结合,强调评价主体间的沟通与协商。在开展口语、写作、讲演、辩论等英语技能训练活动的时候,可让学生采用相应的评价标准对自己及其他同学的表现进行自评和互评,以弥补教师评价之不足。学生变成评价的主动参与者,能够有效调动学生学习积极性和课堂参与性,调整学习动机,提高自我监控和自我管理能力,激发自主学习和协作学习的意识。这样学习者每一次实现对原有认知结构的改造与重组,也就是完成了一次自我的肯定、否定、再否定的辩证评价过程。教师则由评价的权威变成评价的组织者和参与者。

教师的评价必须和学生的自评和互评相结合,教师评语可让学生及时获得描述性、指导性、诊断性的信息。评价结果也可以以量化的形式计入学生的平时成绩,结合目前我国高校的实际状况,教师评价、学生自评、学生互评可采用4∶3∶3模式,这种"三位一体"评价模式更能体现现代教育的人文主义精神。

（3）评价标准——以课程目标为主,结合学生个人目标评价

多元评价体系应充分考虑评价对象和评价目的,采用灵活多样的评价标准。评价学生对知识建构的标准往往是看其对事物的理解和解决问题的能力,但学生的天赋与个性具有差别,简单划一的评价标准很难适应客观实际需求,不利于学生个性发展。因此,评价标准既要有以课程目标为参照的统一标准,又要有以学生的纵向发展为参照的个人标准,二者相辅相成,共同对学生的学习状况给予恰当评价,这样可使学生最大程度减少学习过程中的挫折感,增强自觉学习的意识。

（4）评价方式——以形成性评价为主,结合终结性评价、诊断性评价

多元评价体系引入了多样化的评价形式,如观察记录、面谈采访、问卷调查、问题解决、对话日志、项目活动和学习档案、学习报告等形式,作为学生主体性、能动性和自主性发展过程的形成性评价手段。其任务就是对学生日常学习过程中的表现、所取得的成绩以及所反映出的情感、态度、策略等方面做出评价,并以此来指导学生的学习策略和教师

第五章　建构主义视角下大学英语混合式教学的评价体系

的教学策略的调整。特别是学生的学习报告是对其学习内容和进展的汇报，同时对自己的学习过程和效果做出总结和评价，是对教师课堂观察的重要补充。教师通过它能更好地了解学生的学习情况，从而更有效地指导和评价学生的学习。

终结性评价主要考查学生综合语言运用能力。它是检测学生综合语言运用能力发展程度的重要途径，也是反映教学效果、学校办学质量的重要指标之一，包括期中、期末考试，甚至四六级考试成绩等测试形式。然而，仅仅通过终结性评价并不能对学生的学习做出全面、准确的评价，只有将它与形成性评价结合起来才能做到更科学、更全面、更合理。

此外，在网络教学环境下，还需要对学习进行诊断性评价。诊断性评价也称置前评价，一般只在教学活动前进行，是为使教学计划能够指导和调整教学进度，使教学状况及时反馈给教师和学生而进行的评价，是制定教学目标、组织教学内容、选择学习策略的依据。根据诊断性评价的结果，学习者可以利用网络上结合自身水平进行有目的、有选择的学习；教师可运用诊断性评价来发现每位学生在学习中所面临的问题，有针对性地进行教学。

多元评价强调以质性评价为主的形成性评价，在学习中进行评价，在评价中进行学习，是对人的评价，是对人的发展的评价，这种评价应是开放性的、形成性的及灵活性的，能够促进学生发展智力、健全人格。可以帮助学生认识自我、建立自信，激发其内在发展动力。这种发展性的评价体系从知识转向了能力，从结果转向了过程，侧重在全面了解的基础上进行有效指导，有利于学生充分展示自身的优势，让不同水平的学生都能体验成功，突出体现了人文主义的教育理念，从而使学生的学习能力、自我意识得到全面的发展和提高。

3. 对课程的评价

根据顶层设计和具体实施方案，开展分层分类的评价。从评价目的来看，大学英语既需要开展以审核为目的的外部评价，更需要开展以发展为目的的内部自评或互评。从评价范围来看，大学英语课程评价可涵盖宏观、中观和微观评价。宏观评价依据评价标准对评价对象进行全局性的评判，因此此类评价所产生的影响是总体性、全局性的；中观评价指以学校为对象进行的评价,以促进学校层面的课程发展为目的;微观评价则以具体的课程参与者为评价单元,以引导改进和提高为目的。因此,不同层面的评价主体可以选择不同的评价目的和方法,对大学英语课程开展评价。

(二)多元评价体系在大学英语教学中的实施原则和模式

1. 多元评价体系在大学英语教学中的实施原则

在大学英语教学中,"教"与"学"的主导地位是不断变化的,为此,大学英语教学形成性评价首先要坚持动态性原则,即教学管理者、教师和学生之间的互动;坚持评价方式的多元化,多方面、多角度对学生学习活动进行客观、科学的评价。动态的形成性评价机制有利于调动学生自主学习的积极性,提高他们的自主学习能力。

另外,形成性评价鼓励学生和教师共同商定评价标准,强调学生通过自我评价不断地观察和解释自己的学习过程,并通过不断提出问题、阶段测试或考评把握自己的学习情况,从而采取适当的进度调整措施。这就要求教师始终贯彻尊重学生的评价权的原则。只有这样才能帮助学生树立自信,进行学习反思,培养自主学习精神。

2. 多元评价体系在大学英语教学中的实施模式

(1)学生自评互评相结合

根据学生实际情况,如出勤、课堂作业、同学间合作、课堂表现、能力进步程度等,由教师结合教学的特点编订评价标准,制定评价方案,并由全体同学表决通过。这样使得学生学有所依,评有所据。坚持进行自我评价可以培养学生独立思考的能力,使他们正确认识自身的成绩与不足。小组互评是每一个小组成员对被评价者的课堂表现写出评语,重点在鼓励和建议。这主要是针对日常教学的一种现场即时评价。

(2)教师评价——建立评价档案

对学生的评价必须进行长期而不间断的操作,教师应该从对学生的长期性评价中发现学生的不足和进步,并给予及时的纠正和鼓励。为

第五章　建构主义视角下大学英语混合式教学的评价体系

此,一套行之有效的评价档案就至关重要。该档案可以以课时或周次为时间轴,下设纪律、课堂表现、合作程度、学业成绩等多个分区,学生的课堂学习进行实时和长期的跟踪,以便于每学期末对学生进行一次综合性客观评价。

学生的现场即时评价和教师的综合评价相结合,能更好地反映出每位学生的实际状况,避免了由学生主观性或教师主观性带来的片面,提高评价的信度和效度。教师评价、学生自评、学生互评可采用4∶3∶3模式。有条件的情况下,还可以适时进行师生联合评价。特别是在网络教学条件下,教师对学生的监控和管理会有所不周,而师生结合的形成性评价体系使每位学生都被置于监督之下,能充分保障课堂教学的良性发展,最大限度地促进学生学业进步。

本章主要研究了建构主义视角下大学英语混合式教学评价体系的建立,涉及大学英语混合式教学评价的内容、原则,以及大学英语混合式教学动态评价体系的建构。大学英语对学生应用能力、实践能力有较高的要求,能够从文化、语言、社会、生活等多个角度出发,培养学生的英语表达能力、理解能力及问题解决能力。然而,传统的大学英语评价主要以综合性评价为主,难以评价学生的语言表达能力、创新能力及综合素质,进而导致大学英语教学的质量和效率受到制约。因此,在建构主义视角下,创新大学英语课程评价方法,能够有效地提升大学英语教学的时效性和有效性,帮助教师更好地开展教学活动,提高学生学习水平。

第六章 建构主义视角下大学英语混合式教学改革的有效策略

任何一种教学模式的有效实施,既离不开教师的精心授课,也离不开学生的全身心学习,只有将二者紧密结合起来,才能达到理想的教学的效果。为了有效辅助大学英语混合式教学模式的实施,教师需要引导学生掌握一定的学习策略。本章主要研究建构主义视角下大学英语混合式教学改革的有效策略。

第一节 转变课堂形态,创建智慧课堂

一、转变课堂形态

(一)从独白课堂转向对话课堂

独白课堂是在大学英语教学中,教师拥有绝对话语权,对大学英语课堂教学的走向起着主导作用,学生则是失语者,课堂教学完全是教师的知识灌输过程。在这样的课堂上,教师与学生完全属于单边活动,学生并不是在主动地学习知识,而是被教师教会的。教师为了完成自身的教学任务,占据课堂的大部分时间,导致师生之间并没有过多互动的机会,学生也因此降低了学习的兴趣和热情,产生了"虚假学习"现象。

"互联网+"时代最主要的特征就是内容更为丰富,一方面教师不再是学生获取知识的唯一途径,也不再是课堂的权威,学生如果在课堂上

第六章　建构主义视角下大学英语混合式教学改革的有效策略

有些知识没有掌握,他们可以在课下通过互联网展开自主学习;另一方面,随着网络技术的发展,网上的交互平台增多,导致师生之间可以通过网络进行交流互动,打破了之前单边活动的局面,师生之间可以实时对话,这就使得课堂形态从独白走向对话。

对话课堂即大学英语的课堂教学中主要以学生为本,将学生视作课堂教学的主体,通过对话手段,在师生之间建构平等互助的关系,最终提升教师的教学质量和学生的学习水平。对话课堂可以划分为三种对话形式:师生对话、生生对话、生本对话。其中师生对话是主要的组成部分,教师和学生通过探讨某些问题,从而让学生掌握知识。生生对话是学生倾听其他同伴的意见,与其他同伴交流,对学生的个体差异加以弥补,共享他人的思维成果。生本对话是学生与文本展开对话,这是阐释性对话,是学生对文本的理解。

基于互联网的对话,大学英语课堂教学打破了现实课堂的束缚,使学生可以在任何时间、任何地点从自己的学习需求出发展开英语对话。当英语教师在学习平台发布任务后,学生可以直接在平台上留下问题,之后英语教师进行在线解答。除此之外,当学生在英语学习社区等地方进行阅读时,也可以与其他同学分享自己的想法,实现思维共享。

（二）从封闭课堂转向开放课堂

封闭的课堂不仅指的是课堂环境的封闭,更指的是课堂各个部分的封闭,主要表现在问题、经验、思维、教师交往等层面。

在互联网背景下,每个人都在通过网络获取信息,教师与学生也不例外。对于学生而言,互联网让他们接触了各种信息,逐渐提升了他们的认知水平,产生了更多的新思维。对于教师而言,互联网也让他们不断革新自己的教学方法,增加自己的知识储备,加强与其他教师的合作等。

大学英语开放课堂就是运用互联网资源,打破传统大学英语课堂的时空限制,将大学英语教师、学生从英语教材中解放出来,实现师生、生生之间的互动与合作,培养学生树立独立思维意识。大学英语开放课堂相比于封闭课堂,经验、问题、思维等都变得更为开放。现如今,学生可以从不同的渠道获取英语信息,实现自身新旧经验的融合。

(三)从现实课堂转向混合课堂

随着信息技术的发展,优质的网络平台逐渐建立和开放,不仅为学生的多样化学习提供了更多选择余地,也不断促进教学的进步和发展。传统的现实课堂是单向灌输过程,在有限的时空内,学生不可能全部接受教师讲授的内容,导致传统的课堂过分注重理论而忽视实践。虽然各种虚拟网络课堂发展迅速,为学生的学习提供了更为广阔的空间,但是由于学生缺乏学习主动性,对自己的管理也不严格,导致虚拟课堂也出现了很多弊端。因此,将现实课堂与虚拟课堂相融合的混合课堂才是首选。

混合课堂是融合了现实与虚拟、线上与线下的模式,能够拓展学生的学习时空,发挥教师的辅助与引导作用,让学生获取更为优质的资源,培养学生的实践能力。

在当前的大学英语课堂教学中,混合课堂的应用主要有如下几个步骤。

第一,通过学习平台为学生布置英语任务,让学生通过观看英语短视频,对下一堂课所要学习的英语内容进行搜集。

第二,在课堂上,学生展示自己的英语学习结果,也可以提出英语学习中的问题,在课堂上展开探讨。

二、创建智慧课堂

"互联网+"教育创造了多种教育手段,其中智慧课堂就是其中的一种重要模式。智慧课堂即依靠智能化技术,发挥教师与学生的智慧,对传统课堂教学模式加以优化。

智慧课堂要求以智慧教学环境作为支撑,这些智慧教学环境包括智慧校园网、学习资源平台,核心在于通过网络或者移动终端,接入学习内容,展示学习活动,更新与共享学习内容等。智慧教学环境可以实现真实情境的创建,实现学习协作,还可以推动个性化的学习资源。

具体来说,大学智慧课堂教学的设计框架如图 6-1 所示。

第六章 建构主义视角下大学英语混合式教学改革的有效策略

图 6-1 大学智慧课堂教学框架图

(资料来源:厉建娟,2018)

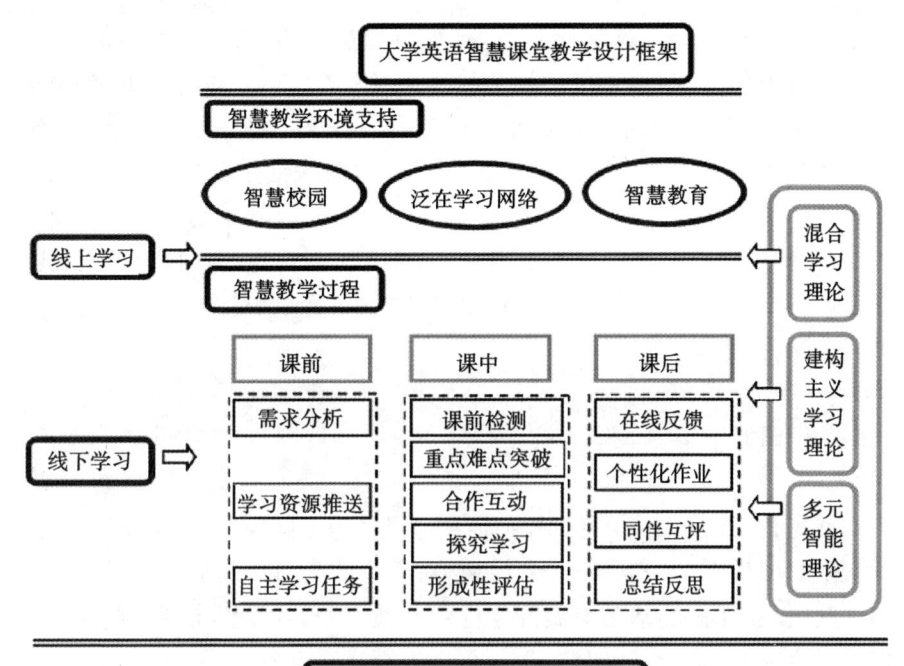

(一)课前学习阶段

在课堂开始之前,教师可以通过网络问卷、测评等,了解学生的学习需求,从学生的学习需求出发,教师为学生提供学习资源,制定学习任务。智慧学习不仅包括习得知识、获得技能,还包括提升学生的思维与文化素养。

例如,运用移动终端 APP,如流利说等进行听说训练;利用喜马拉雅在线听等,可以展开文化学习;对于学生的四六级考试,推荐学生使用一些泛在网络学习平台,展开有计划的学习。

(二)课堂学习阶段

在课堂进行中,智慧课堂教学要求发挥教师的智慧,运用先进科技,让学生主动探究。在课前检测阶段，可以通过在线测评，对学生的学习情况进行评估，从而设置自己教学的重难点。教学的重难点需要教师给予一定的指导，同时可以组成小组进行协作学习。教师可以运用网络平台发布一些探究学习任务，如从影视人物的对话中分析中西思维差异等。

在智慧课堂中，教师可以运用在线网络和移动终端，对学生展开形成性评估。这是通过对学生学习过程的观察与记录，对学生的学习效果进行监测，激发学生的学习。

(三)课后学习阶段

首先，在课堂结束之后，教师需要评价学生的学习成果。基于网络学习平台中设置的"学习记录"模块，对学生的学习情况加以记录。

其次，在评价的基础上展开个性化反馈，为学生设置个性化的作业，如果学生在学习中遇到问题，教师可以进行针对性的辅导。

总之，线上教学弥补线下教学的缺陷，并逐步演变成不可缺少的一种教学模式，尤其是对于大学英语教学而言网络优势尤为明显。与此同时，大学英语网络教学不仅要求教师适应新型的教学模式和改变教学方法，而且对于大学生的线上英语学习能力而言也是一项挑战。

第二节　搭建数字化教学平台

在大学英语教学实践中，如果能够合理利用新型资源，则有助于改善大学英语的学习结果。现代社会中的数字资源即新型资源，无论是计算机、笔记本电脑甚至手机、光盘等，都可以运用数字资源，因为数字资源对于当代人来说是非常便利的，并且其资源非常广泛。但是，无论资源多么庞大，只有将其运用到恰当的领域中，才能彰显其价值。

随着互联网的普及，现阶段的大学生对于电子设备、网络都非常依赖，因此可以借助信息技术来搭建数字化教学平台。数字化教学模式改变了传统的时空的问题，能够为学生提供更为便利的平台。数字化模式不仅限于课堂的学习,大学教师还应该为学生搭建数字化平台,在搭建平台时,教师应该从社会的需要出发,制订教学目标,建立科学的教学体系,实现数字化模式的创新。另外,教师还可以创建微信公众号,定期发布一些学习内容,做好对公众号的维护,让学生在课堂之外能够感受到学习氛围。当然,教师也需要做好监督工作,帮助学生提升自身的自主学习能力。

一、创新教学手段

在数字化背景下,大学教师应该充分利用数字化设备,借鉴不同的教学模式,为学生解释文化知识与内容。在教学手段上,教师可以采取线上体验式教学。传统的体验式教学大多是线下的,而现在加入线上设备,使得体验式教学的选择更为丰富,更具有探究性,同时激发学生对知识的探究意识。例如,教师可以选择一个电影片段,让学生体会语言的魅力,进而让学生进行配音,这样不仅能够让学生体会到地道的语言,还能够调动学生学习的积极性。

二、创新教学内容

教师在开展教学之前,除了梳理本节课需要讲授的知识,还需要进行课外拓展。如果数字化设备仅仅是将书本知识搬到网络上,这样就丧失了数字化教学的意义,因此教师应该不断丰富英语教学的内容,提升教学的趣味性与全面性。

第三节　转变大学英语学习方式

一、自主学习

教育的最终目的是让学生成为独立的学习者,当然大学英语课程教学也不例外。近些年,自主学习越来越成为教育界研究的重点。就当前大学生的学习效果来看,他们虽然花费了大量的时间在学习上,但是收到的效果并不理想,归结原因主要在于学生缺乏自主学习的能力。因此,学生有必要转变自己的学习方式,从他主学习转向自主学习。下面就对自主学习进行分析。

(一)自主学习的定义

对于自主学习,国内外很多学者进行过研究和探讨,并发表了很多关于自主学习的一些文献与书籍。下面就重点来介绍几位有代表性的学者。

国外有两位权威的学者对自主学习进行过论述。一位是亨利·霍里克(Henri Holec),一位是齐莫曼(Zimmerman)。

亨利·霍里克在他的《自主性与英语学习》一书中指出,自主学习能力应该包含对学习目标与内容的确立、对学习技巧与方法的选择、对学习过程的监控与评估这几大层面,并且指出学生只有做到了这几点,他们才能真正地对自己的学习负责。① 亨利·霍里克认为,学生的自主学习能力并不是与生俱来的,往往是后天形成的,甚至需要专门的训练而成。显然,从亨利·霍里克的论述中可以看出,他的自主学习观实际上挑战了传统的学习模式,因此受到了很多学者的认可与支持。

齐莫曼是一位著名的心理学家,因此他对自主学习的论述主要是从心理层面考虑的。齐莫曼基于前人的研究,指出学生只要在动机、元认知、行为三个层面做到积极参与,那么就可以认为他们的学习是自主学习。② 换句话说,齐莫曼指出了自主学习的三个影响因素,即动机、元认知与行为,其中动机指学生从被动学习转向主动求知;元认知指学生能够对不同阶段的学习进行反思;行为指学生能够从自己的意愿出发选择与创设学习环境。

除了国外学者对自主学习进行研究,我国学者也对自主学习进行了激烈的探讨,他们基于国外的研究成果,并且考虑我国的实际情况,对自主学习进行初步的研究。我国学者主要围绕自主学习中师生的角色、自主学习的原因与意义、自主学习的实施等层面展开研究。

我国学者庞维国在他的《自主学习——学与教的原理和策略》一书

---

① 严明.大学自主学习能力培养模式研究:体验的视角[M].哈尔滨:黑龙江大学出版社,2009.
② 同上.

第六章　建构主义视角下大学英语混合式教学改革的有效策略

中,对自主学习的概念进行了明确的界定,这标志着我国关于自主学习的研究取得了突破性进展。在庞维国看来,自主学习是基于能学、想学、会学、坚持学这四个层面基础上的一种学习方式。庞维国还从横向与纵向两个视角来阐释自主学习的概念。就横向角度而言,如果学生能够对自己学习的各个层面进行自觉选择与控制,那么就可以说他们的学习是自主学习;就纵向角度而言,如果学生能够在整个学习过程中挖掘与把握自己学习的实质,那么也可以说他们的学习是自主学习。

虽然国内外学者对于自主学习的界定存在差异,但是大多数学者已经基本达成共识,即自主学习是将学生作为中心,根据学生自身需求进行自主学习规划、自主学习管理、自主学习监控、自主学习评价等。具体而言,自主学习可以划分为如下五个步骤。

(1)学生基于不同需求,分清学习主次,对自己的学习目标进行规划。

(2)学生基于需求选择学习材料,并制订与自己学习风格相符的学习策略。

(3)学生对自己的学习进度、学习时间要合理把控。

(4)学生在学习中要不断反思与调整。

(5)学生要对评价标准有明确的把握,从而对自己的学习效果进行衡量。

(二)自主学习的意义

英语作为世界通用语言一直备受重视,英语课程是基础课程,但是每个人的英语水平却参差不齐。由此,大学阶段的英语教学逐渐从教学者的因素转向学习者因素,要想提高学生大学英语学习的效率,就必须让学生主动投入英语学习,并且在自主学习中掌握一定的方法,最终提升大学英语的整体水平和成绩。

1. 满足信息化社会发展的需要

当今社会是一个科技迅猛发展的社会,信息化时代使人们越来越认识到,学校教育已经远远不能满足学生的知识储备,因此学生需要适应不断变化的环境,满足自身不断变化的职业要求,这仅仅依靠学校获得的知识是远远不够的。也就是说,学生要想适应信息化社会发展的需要,除了要接受学校教师传授的知识,还需要从各种途径、各种渠道挖掘知识,以便充实自己,这就是自主学习的力量。

2. 体现终身教育体系的需要

人类社会是一个持续学习的社会,为了与社会的发展相适应,人们必须要不断学习、不断发展。因此,这也是对学生的要求,通过自主学习,学生能够适应不断变化的社会、不断变化的职业要求,从而不断提升自我质量与自我价值。

(三)自主学习的开展

1. 营造自主学习的氛围

现在信息技术在课程教学中迅速普及,并且为学生的自主学习提供了便利。教师可以运用网络为学生创造自主学习的氛围,激发学生学习的欲望与积极性,增强学生学习的效果。例如,学生可以利用电脑进行语言专项训练、与他人交流、浏览文献资料等。当然,教师可以为学生介绍一些优秀的学习网站,让学生自主学习,以扩充自己的知识储备。

2. 训练学生自主学习的技能

自主学习需要一定的技能,这些技能并不是先天的,而是经过一定的训练和实践获得的。因此,在大学英语课程教学中,教师应该注意训练学生自主学习的技能,从学生个体的需求出发,制订符合学生的自主学习计划,帮助他们掌握适合自己的自主学习技能。

在学生的自主学习过程中,教师的责任就是指导学生掌握学习策略,并且学会运用学习策略。教师可以为学生推荐一些阅读材料,并且给学生介绍一些阅读技巧,指导学生写读书笔记,从而不断提高学生的自主学习能力。

3. 激发学生自主学习的兴趣

兴趣是学生学习的动力与源泉。设计出与学生学习兴趣相符的活动有助于开发学生潜能，促进学生的自主学习。在传统的大学英语课程教学中，学生是被动的接受者，教师常常忽视学生的兴趣，但在自主学习中，学生居于学习的主体，是主动的学习者，因此学生学习的兴趣也会被激发出来。为了激发学生的自主学习兴趣，大学英语教师可以从如下几点着眼。

（1）对学生展开需求分析。大学英语教师要首先对学生进行需求分析，然后从不同学生的需求出发，帮助学生制订学习计划。当然，教师为了更好地与学生的学习计划相适应，要不断调整与改进自己的教学策略。

（2）尊重学生的个性差异。不同学生，他们的学习风格、学习水平等必然存在差异，因此大学英语教师要考虑学生的这些差异，让学生对学习内容、学习步骤进行自主学习，以提高不同学生的自主学习能力。

（3）关注学生的反应。在学生的自主学习中，大学英语教师要观察学生的反应，包含自主学习目标的建立、自主学习的适应情况等，从而根据学生的反应调整与改进教学计划，并帮助学生解释自主学习过程中遇到的问题。

4. 培养学生自主学习的习惯

良好的学习习惯对于学生的自主学习是非常重要的。在自主学习中，大学英语教师应该努力培养学生的自主学习习惯，使学生努力克服自主学习中的不适感，发挥自身优势，从而完成学习目标。

二、合作学习

从本质上来说，学习的过程其实就是交际的过程，而交际行为的基础是合作。通过合作，语言交际的内容更加丰富，而学习也就更加深入。合作学习是一种学习方式，但是从实质上来说，它是学习者社会性的本质体现。随着社会、科技的迅猛发展，合作学习已经成为社会学、人类学、政治学、科学、经济学等学科领域研究的焦点。下面就对合作学习展开分析。

(一)合作学习的定义

合作学习诞生于1970年前后的美国,并于20世纪70年代中期到20世纪80年取得了显著的进步。很多学者对合作学习进行过分析和探讨。

美国教育心理学家罗伯特·斯莱文(Robert E. Slavin)指出:"合作学习即学生在小组内展开学习活动,并以小组成绩来判定自己的表现,获得奖励与认同。"

我国学者王坦指出:"合作学习的目的在于促进小组之间的相互促进与帮助,从而实现学习目标,进而通过小组成绩来判定自身的表现,获取奖励。总体来说,合作学习属于一种教学策略体系。"[①]

合作学习的内涵是非常广泛的,其不仅涉及协作学习,还涉及小组学习。但是,无论采取怎样的方式,都强调小组或者集体来完成任务。在合作中,教师应该放权,充当指导者的角色,让学生小组努力完成任务。

(二)合作学习的优势

合作学习是目前在国内外普遍采用的一种学习方式和策略,其在教学中的应用很广泛,它是指以小组为单位展开学习活动,通过合作,最终共同完成任务。因其能在课堂气氛改善、学生主观学习能动性的激发上发挥很大的作用,世界上很多国家的课堂教学组织都采用这种形式。

1. 调动学生积极性

在传统的大学英语教学中,学生属于被动接受知识的地位,因此他们的课堂主动性较差。在合作学习中,学生依据一定的标准组成学习小组,丰富教学形式,在合作中,学生会不断提升自身学习的积极性与主动性,从而使自己的学习内容也变得更为生动。

---

① 王坦.合作学习的理念与实施[M].北京:中国人事出版社,2002.

第六章　建构主义视角下大学英语混合式教学改革的有效策略

合作学习有助于调动学生学习的主动性与积极性,普遍提升那些成绩较差学生的学业成绩,促进学生集体的形成。合作学习可以提升学生的主体意识,提高学生参与学习的程度,促进学生更加充分地展开交流。

2. 培养学生团体意识

合作学习有助于培养学生的团体意识,因为在小组交往中,学生会将自己归属于团体内,与团体荣辱与共,从而不断形成团体意识,形成强烈的集体荣誉感。团体意识的产生,对于学生提升人际交往能力非常重要。

3. 培养学生创新精神

合作学习有助于提升学生的创新意识与精神。日本学者片冈德雄研究表明,班级气氛一旦成为"支持性风气",成员之间就会相互合作与信赖,其共同完成作品,并且在立意与变化中有较为明显的体现,并体现出创造性品质中的丰富性与独特性。

4. 促进小组任务的完成

由于合作学习具有互助性与交往性,因此在学习中,教师可以引导学生展开合作与交往,使他们在交往中不断协作与获得启发,并彼此进行鼓励,从而实现成果为小组成员共享,共同面对遇到的问题。

这样合作学习就能够解决那些成绩较差学生在学习中无法解决的问题,因此合作学习是一种有效的破除问题、攻克难关的方式。要想实现这种有效性,要求学习任务的难度要超过个人解决的力量,这样才能通过合作解决。

5. 培养学生的综合能力

合作学习的实施为学生提供了广阔的发展空间,学生之间可以展开交流与竞争,也可以进行批评,从而使学生可以自主学习与思考,提升彼此之间的团结能力,最终提升学生的综合素质与能力。

6.减轻教师教学的负担

合作学习强调小组之间进行合作,也强调学生进行自主学习,从而减少教师的重复工作,便于教师展开有针对性的指导,最终提升教学的效果,让教师有更多时间进行教学反思。

总之,合作学习有助于提升学生之间的合作精神与集体观念,便于培养学生的竞争能力与意识。同时,合作学习还有助于因材施教,便于弥补教学中的个体差异问题,从而真正促进每一位学生的进步与发展。

(三)合作学习的开展

1.进行合理的分组

合理分组是学生展开合作学习的前提条件。如前所述,合作学习是通过小组之间配合展开学习的,因此合作学习的前提在于对学生进行分组。

在分组的过程中,教师需要进行仔细的分析与考虑,重视对组员的安排,从而保证每一个小组之内的成员都能够多样化,无论是在兴趣上的多样化,还是在知识与性格上的多样化。因为这种多样化的布局可以平衡小组结构,帮助小组进行公平的竞争。

在进行分组时,需要按照组间同质和组间异质的原则。基于这两个原则,小组成员的知识水平才更具有层次性,知识丰富的学生可以帮助那些知识掌握能力差的学生,从而促进学生完成小组任务。同时,同学之间互相帮助还能够调动彼此学习的积极性与主动性,便于形成集体的氛围。

2.策划与提出问题

这一步是小组合作学习的重要步骤。在策划任务的时候,教师需要考量学生的整体情况,同时在设计任务时,也要考虑任务是否可行,是否具有操作性。

对于问题的设置,教师需要遵循开放性与讨论性的原则,可以根据教学内容,对任务进行合理安排,同时教师需要设定学生完成任务的时间。

在完成任务的过程中,教师主要充当指导者的角色,即辅助学生制订具有一定难度的任务,这样小组才能为了完成任务展开合作,成员之间也会发挥自己的主观能动作用。

3.控制合作的实施

在进行合作学习时,各个小组完成任务具有阶段性。也就是说,学生在每一个阶段的学习任务都是不同的,因此在这之中,教师需要进行控制。

在初始阶段,小组成员需要进行探讨与研究,每一位成员需要独立思考任务与任务中的问题,促进学生扩展自己的创造性思维。并且,在这一基础上,需要进行探讨,最终形成小组的统一观点。另外,一个小组需要一个发言人,便于将自己的小组结果陈述给大家。最终,全班各个小组之间展开交流,实现信息的融通。

4.进行效果的评价

对合作的最终结果进行评价并不是一件简单的事情,其中涉及很多内容。

首先,学生的学习过程、学习结果需要教师给出合理的评价。

其次,小组各个成员的表现需要教师给出恰当的评价。

最后,对表现优秀的小组给予好评,这可以让学生意识到合作小组是一个集体,每位成员想要实现自己的个人目标,就必须依赖整体目标的实现,从而培养学生建构较强的合作精神以及合作学习能力。

三、体验式学习

体验式学习通过关注学生学习的动机,使学生在学习中获得一种心理和情感上的体验,并扩大积极情感在体验学习中的作用范围,从而提高教学与学习效果。

(一)体验式学习的定义

美国心理学家、教育家杜威(John Dewey)认为,"自然和经验是和谐并进的——经验表现为认识自然、深入自然奥秘的方法,并且是唯一的方法,而经验所揭示出来的自然,则使经验的进一步发展深刻化、丰富化,并得到指导。"

我国学者方红(2002)指出:"体验式学习是个人在形体、情绪、知识上参与的所得。"

学者盛爱军(2005)认为:"教育应该通过创设开放的、个性化的情境,让学生通过各种体验方式,对自己的潜能和周围的世界有深切的体悟,并通过多种体验渠道发挥自己的潜力,使学生的心灵得以充分发展。"

具体来说,体验式学习需要教师根据学生的认知特点进行教学情境的设计,从而呈现与还原教学的内容。学生在体验过程中建构知识,从而发展自己的能力、产生情感并最终生成意义。体验式学习尊重学生对知识的获得过程,体现出了教学的人文性。

学生在体验式学习过程中并不是简单地获得知识,而是更加关注对经验的总结与反思,因此带有实践性与思考性。美国社会心理学家、教育家、体验式学习大师大卫·库博(David Kolb)(1975)认为,体验包括四个阶段的模型。

(1)具体的体验(concrete experience)。

(2)观察与反思(observation and reflection)。

(3)形成抽象的概念和普遍的原理(formation of abstract concepts and generalization)。

(4)在新的情境中检验概念的意义(testing implication of concept in new situations)。

第六章 建构主义视角下大学英语混合式教学改革的有效策略

库博的体验学习循环如图 6-2 所示。

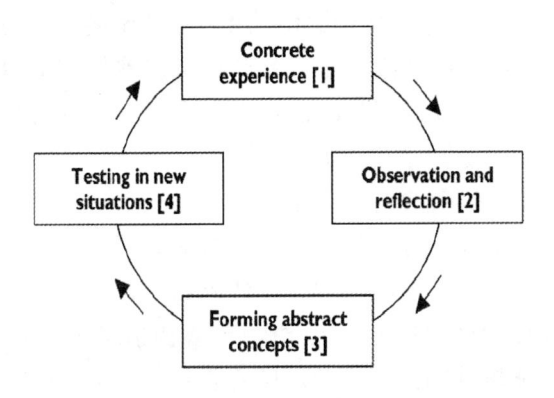

图 6-2 库博的体验学习循环

（资料来源：王雷，2007）

从学校教育史上来说，体验式学习之所以多次被边缘化，但是又难以真正分割的原因在于体验式学习自身的优势。具体而言，体验式学习对教育的意义主要体现为如下几点。

（1）体验式学习中的情节记忆。现代认知心理学将人的记忆划分为两种：一种是陈述性记忆，另一种是程序性记忆。前者指的是个体能够有意识地回忆且能够清晰陈述的记忆，如语义记忆、情节记忆等；后者是关于如何做事的记忆，在执行动作或者认知技能时往往会被激活并提取。在体验式学习中，个体所包含的记忆与知识接受学习明显存在着差异性，这可以从斯登伯格（Sternberg）的模型中体现出来，如图 6-3 所示。

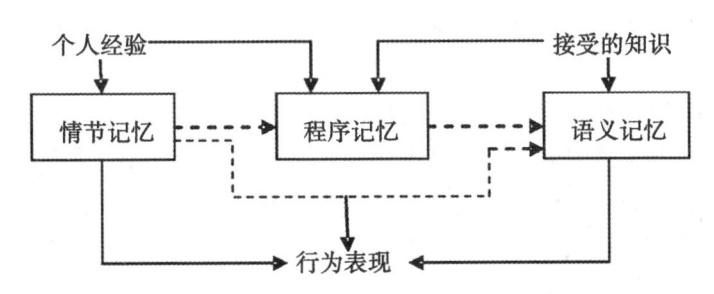

图 6-3 不同来源知识的记忆

（资料来源：庞维国，2011）

从图 6-3 中可以看出，体验式学习所获取的记忆不仅包括情节记忆，还包含程序记忆，并且二者都能够转化成语义记忆。同时可以看出，通过知识接受的形式学习，所获得的记忆并不包含情节记忆，只涉及程序记忆与语义记忆。这就是说，体验式学习要比接受学习更为丰富，能够为知识提供丰富的线索，让学习者获得可提取知识的量。另外，语义记忆需要多次记忆，但是情节记忆具有一次性习得的特点，因此可以借助体验式学习获得一些情境性知识。

（2）体验式学习中的情绪记忆。在体验式学习中，情节记忆不仅涉及时间、地点、事物等，还包含与其相关的情绪记忆，并且本身具有促进记忆的效果。著名学者鲍尔认为，情绪记忆与命题记忆有着相似性，往往以节点形式在记忆中形成表征，并且与表征情绪事件的命题节点连接起来。一旦表征事件的某一个命题节点被激活，情绪也会随着激活扩散而被激活。在体验式学习中，知识记忆与情绪记忆具有一致性与共时性，因此两种记忆会同时被编码，进而在头脑中存储下来，通过这种双重编码，使得体验式学习获得的知识不仅被相关知识激活，而且被情绪记忆激活，从而便于人们回忆。

（3）体验式学习的自我决定性。体验式学习以学习者为中心，在这种学习条件下，学习的形式、内容、场所、时间等往往由学习者控制和选择。与接受式学习相比，体验式学习更具有个性化与自主性。体验式学习还是一种情境式学习，虽然学习目标与过程是事先规划好的，但实际在学习过程中，学习情境的动态变化性会使得学习者的学习内容、学习目标发生改变，从而呈现出开放性，其不仅有助于培养学习者的自我调节能力，而且有助于让学习者体验到更多的自我责任感。

（二）基于建构主义的体验式学习模式

体验教学模式有时也称体验式教学法、体验式培训法、体验式学习模式等。其主要特征是，学习者在实际的体验中去感悟、理解、运用、学习、成长和建构。体验教学模式是一种体现了"学员为中心"的学习方式，从诞生以来，就广受欢迎。培训就是培养和训练，通过训练的方式来达成培养的价值和目的。

1. 任务驱动

任务驱动是建构主义教学的特点，在体验教学模式中得到了最好的

第六章　建构主义视角下大学英语混合式教学改革的有效策略

体现。体验教学模式重在学习者的参与、体验和运用,因此在教学设计中,往往会设计一个任务,以完成这个任务作为项目的整体推动。根据某个主题设计某个任务,通过这个任务的驱动,来对学习者进行各个方面的考核和培训,学习者也会在完成任务中面临各种问题与障碍,并通过自我努力和团队协作的方式,解决问题,完成任务,从中得到成长。

2. 身心结合

建构主义教学强调以学习者为中心,让学员建构,就是要让学习者全身心地投入。这也正是体验教学模式的一大特点,也是其优势。

一般的学习更多地依靠学员的大脑,肢体接触并不多。但是要想真正打破人际的界限、思维的藩篱,首先要打破人与人之间的隔阂。这也正是很多培训开场需要破冰的重要因素。但是破冰式的身心参与方式,更多地放在开场,很少贯穿全场。而这正是体验式培训的魅力所在,既然要体验,那就应该全身心地投入和参与。是否全身心地参与也是体验式培训和其他培训方式最大的特点。身心参与的最主要方式就是围绕任务来完成,也就是第一个特点。从建构主义角度来看,学习者动脑加上动手,效果更好。

3. 仿真情境

体验教学模式还有一个很重要的特征,就是学习训练的项目具有仿真性,这正是体验式教学最主要的特征。学习者是在仿真的学习环境中,围绕某个任务进行学习。建构主义教学思想强调问题的真实性。学习者围绕来自工作情境中的问题进行学习和探讨,这样有利于学习的迁移,即"工作—培训—工作"有机地结合。培训中的学习内容来自工作中的实际项目,学习结束后更要在工作中运用。因此,要求培训中的项目一定与实际工作有关系。市场上真正具有体验式教学思想的不再是户外拓展培训,而是"沙盘模拟"培训,这种培训将越来越受欢迎,因为它在项目的开发、设计及操作过程中真正运用了建构主义的教学思想。

4. 培训转化

体验式培训更强调转化这一点,因为不管怎么仿真,培训中的项目体验与工作还是有差距的,如果不加以引导,很有可能导致学习者忘记了学习的目的,不能将其有效地转移到实际工作中,导致为了游戏而游戏,为了玩而玩。如果培训不能有效转化,也就变成了娱乐节目。所以,强调学习效果的转化不仅是体验式教学的一个重要特点,而且是其中一个必备的环节。

(三)体验式学习的优势

在人类心理学中,人格的成长非常重视各种各样的个人经历,包括对自己感觉的认识,对新的经历的包容接纳,以及能善解人意地倾听他人的声音或感知他人的情绪。在英语学习中,体验式学习作为一种学习模式可以使学生在反思的基础上通过具体的体验经历来获得英语知识,从而提高英语能力。

体验式教学主要是"以外部事物对学生思维的影响度为出发点,采用相关情景呈现等方法,调动其语言学习的自主性和积极性,从而达到提高水平的目的"[①]。具体来说,体验式学习的特点主要包括以下几个方面。

1. 强调个体参与

体验式学习注重学生在做中学、在乐中学,因此产生积极的情感体验成了体验式学习的重要特征。

这种学习方式强调个体的参与性,注重学生情感体验的获得。因此,教师需要以此为根据设计丰富多样的教学情境,从而激发学生的学习兴趣,让学生获得愉快的学习体验。

---

① 谢大滔.体验式教学在大学自主学习学习中的应用[J].教育探索,2012(09):70.

第六章　建构主义视角下大学英语混合式教学改革的有效策略

2. 强调真实语境

体验式学习主张要将学习活动置于真实的语言环境中,学生在这种场景中来感知自身角色,学习一系列与生活相关的语言知识。

3. 强调获得经验

体验式学习把需要熟悉的未来场景引入学习者的视线[①]。学生通过场景的反复模拟,能够积累自己的生活与交际经验。这种知识的积累带有乐趣性,能够使学生产生积极性与主动性。

(四)体验式学习的开展

1. 实施实时交互与协作

现在,师生之间可以在信息技术环境中进行随时的交互与协作,学生可以在网络平台上发布自己学习中所遇到的心得与感受,或者吸取他人的学习经验,教师可以根据学生的反馈信息掌握学生学习中的难点与体验点,从而更好地帮助学生掌握知识,并给予学生更有针对性的指导。由于信息技术平台不因时间、地点影响学习者的沟通,因此学生之间也能进行及时的沟通,并组成相应的学习小组,从而取长补短、分工合作。信息技术的实时交互平台有很多,如微博、微信等。

2. 创建个性化的学习环境

体验式学习方式主张发挥学生的个性特点,使学生在学习中成长。信息技术资源的利用可以给学生的个性化学习体验打下良好的基础。由于不同学生个体的差异性,因此其学习所需要的具体学习资源也不尽相同。传统大学英语课堂教学由于条件的限制无法照顾到每位学生的

[①] 梁为. 基于虚拟环境的体验式网络学习空间设计与实现[J]. 中国电化教育, 2014 (03): 82.

个体需要,致使教学处在一种硬性统一之中。

在信息技术环境下,教师可以设计满足不同学习体验的活动,从而使学生掌握学习的主动权与自主权,能够根据自身的兴趣和长处展开学习。这种学习能够增加学生的成功体验,从而增强学生学习的自信心与自豪感。

3. 开展网络游戏化教学

网络游戏化教学指的是借鉴游戏的自主性、挑战性、悬疑性等理念,将具体的教学目标隐藏在游戏关卡之中。教师可以根据不同的学生年龄阶段和学习情况,采用相应的游戏化教学策略,从而寓教于乐,使学生在放松的心态下掌握知识。

游戏化教学的实施是以网络环境为基础的,通过网络技术,教师能够构建更为有趣、逼真、丰富的学习空间,使学生在网络环境中扮演不同的角色,体验语言交际所能使用到的交际规则和语言知识等。

(五)体验式学习下的人才培养

体验式教学模式下,开展大学英语实践性教学需要转变教学理念,将以系统传授理论知识为主的教学模式转变为任务型教学为主的多维互动式模式。开展实践性教学需要以学生为主体,教师作为指导,将学习任务划分为不同的教学情境,包括总任务、模块任务、子任务等不同大小的任务,学生需要在不同的学习阶段完成不同的学习任务。比如,在阶段性总结性的教学情境中完成总任务、在每个单元模块的教学中完成每个模块任务、在每节课程中的案例教学中完成相应的子任务。教师可以根据每节课的不同的教学任务选择不同的教学方法,如角色表演、技能比赛、课堂讨论、头脑风暴等丰富多样的教学方法,培养学生的自主学习能力。

1. 人才培养模式实例

以销售策划学习情境为例,将理论教学和实践教学的教学内容进行有效整合。

第六章 建构主义视角下大学英语混合式教学改革的有效策略

首先,让学生学习了解一些产品背景及销售渠道的一些相关英语词汇及句型,采用小组讨论、分组学习、组队竞猜等学习方法,激发学生学习兴趣,在学生掌握了一定的专业理论知识后,引入相关公司的典型案例,使学生对相关产品进行销售问题的讨论。

其次,在进行实践活动之前,可以模拟公司的实际情况,对全班学生进行分组,组成几个销售团队,对每个团队中的每位成员进行角色的设置,每个团队使用英语进行相关问题的讨论,每个角色承担不同的工作任务,允许学生采用各种途径进行相关知识的查找修订,最终制定出产品营销方案,并由每个团队的代表进行主题发言。

在整个案例教学过程中,必须以学生为中心、为主体,教师承担监督、引导、鼓励的任务。在整个案例教学完成后,每个团队小组内人员要进行相互评价及自我评价、组与组之间要进行相互评价、教师需要对各小组的方案进行评价并总结,以使学生发展自己的优缺点,促进自身更好的学习。在实际的教学过程中,采用体验式的教学模式与传统的教学模式有很大的不同,教师需要根据每位学生的知识能力水平及性格特点、兴趣爱好等,合理进行小组及小组内不同角色成员的分配,以均衡各个小组之间的综合素质能力、英语语言表达能力,以使每一个小组都具备相当的竞争能力,使每一位学生都有表现自己的机会。

2. 教学评价方式

体验式教学模式下大学英语的教学评价方式应根据学生的个性特点及年龄特征,采用激励性与灵活性的评价方式,以激励学生进行自主、积极学习,增强学生的学习自信心及学生的创新能力。

根据相关实践经验,采用理论考核与实践考核相结合,单项能力考核与综合素质评价相结合的评价形式,以课堂参与及表现为主,通过个人评价、小组评价、学生表现和教师评价,将基本技能考核与创新能力考核相结合,全面综合评价学生对英语知识的掌握。

第四节　革新教师教学的观念

一、提升自身魅力，提高教学能力

教育的问题首先考虑的是教师的问题，当然英语教学也不例外。大学英语教师在教学中起着指导者的角色，教师要引导学生认识学习、认识社会，教师也需要对自己进行严格的要求，逐渐使学生成为学习的榜样。

（一）提升自己的人格魅力

在教学中，教师的人格对教学情绪、学习效果产生直接的影响，那么教师该如何提升自身的人格魅力呢，主要在于坚持"四心"。

1. 敬业之心

第一，教师要对自己从事的职业有清晰的认识，即认识自己职业的意义，认识到教师需要付出自己的努力，无私奉献自己。第二，教师需要对自己的职业忠诚。随着科技不断发展，知识更新换代快，教师应该树立终身学习的观念，不断提升自身的能力和水平。教师需要用自己的智慧吸引学生，让学生悦纳自己，以高度负责的姿态，真正起到表率的作用。

2. 爱生之心

爱心是促进学生不断成长的法宝。在工作时，教师不仅要传授给学生基本的知识，更重要的应该是培养学生，教会学生做人。教师需要有一颗热爱学生的心，只有真正地热爱学生，教师才能正确地看待学生。在大学，非英语专业的学生很多基础比较薄弱，这就需要英语教师付出努力，保持工作的耐心，不能因为学生犯错就对学生置之不理，而是应

第六章　建构主义视角下大学英语混合式教学改革的有效策略

该真正地爱学生,将自己的情感融入学生,这样才能与学生建立友好的关系,让学生相信自己,愿意去学习。

3. 健康之心

当前的社会节奏非常快,人际关系也非常复杂,这对于教师来说也给教师带来了极大的影响。尤其是现代很多家长对教师的期待很高,因此教师的压力也非常大。除了这些压力,教师还会面对自身工作、生活的压力,如教师待遇、教师工作性质等。

在学校中,学生与教师接触的时间比较长,教师的行为对于学生来说有直接的影响,是学生最为权威的榜样,教师的心理是否健康、能否承受住压力对于学生来说也至关重要。对于大学学生的英语学习来说,本身比较困难,因为他们将更多的精力放在了专业课的学习上,但是一旦步入社会,英语又是不可或缺的一部分,因此面对这样的压力,很多学生心理上容易存在压力,这时教师需要从积极的方向引导学生,这就要求教师首先具有一个积极健康的心理,自身保持积极的心态面对自己的工作,让学生看到榜样的力量,学会自我调节,从而也能树立健康的身心。

4. 进取心

时代不断发展,社会不断进步,教师需要具备一颗进取心。如果一名大学英语教师仅仅有广泛的英语知识,显然不能满足当前大学英语教学的需要,因为大学生步入社会之后运用到的英语知识,往往与其专业密切相关,属于专业英语范畴,因此教师除了要具备渊博的英语知识外,还需要涉猎其他各个方面的知识,这样才能提升英语教学的质量和水平。

(二)扩展自己的英语学识

英语教师是英语知识的传播者。当今社会,知识不断更新,大学英语教师需要不断拓展自己的视野,对自己的知识结构加以完善,提升教学的质量,树立终身学习的理念。这是提升大学英语教师素质的基本要求。

1. 广博的知识

作为一名大学英语教师,他／她首先需要具备渊博的英语知识。如果教师不扩展自身的知识,在课堂上往往会表现得捉襟见肘,课堂也显得平淡无奇,无法吸引学生的兴趣。随着教学改革不断深化,科技不断进步,大学英语教师需要扩展自己的综合知识,注重知识的应用。教师只有对广博的英语知识掌握清楚,能够做到融会贯通,才能学会积极思考,发现问题并解决问题。

2. 先进的理念

大学英语教师具备广博的知识是他们开展教学行为的前提和基础。先进的英语教学理念是展开英语教学的灵魂。教师不断更新教学观念,提升英语教学的境界,为大学英语教学指明新的方向。英语教学从"授业"转向"授业＋传道",提升学生的英语素质,促进学生的综合发展。

随着社会不断发展,出现了很多先进的英语教学理念,这就需要教师提升自己的敏感性,能够真正地做到与时俱进。教师需要从学生实际、专业实际出发,在教材内容的基础上融入时事,这样不仅能够传授给学生基本的英语知识,还能吸引学生学习的兴趣和积极性,从而获得成功。

3. 双师的素质

大学英语教学的目的在于提升学生的英语技能。当前,作为一名大学英语教师,需要具备双师素质,即教师不仅掌握渊博的英语理论知识,还能够运用理论知识指导实践;不仅可以从事理论教学,还可以对学生的英语学习实践进行指导。也就是说,大学英语教师只有将自身的实际工作能力与英语课程整合起来,才能将理论知识讲活,为学生的专业课学习打下基础。

为了提升教师自身的实践能力,广大教师应该参与到具体的实践中或者利用假期参与培训学习,从而提升自身的实践水平,以便于更好地指导自己的学生。同时,在学生的实际训练中,教师能够娴熟地展开讲解,从而吸引学生的兴趣,使学生真正地获取英语知识与技能。

4. 科研的能力

大学英语教师还需要具备一定的科研能力。教学中如果没有科研作为底蕴,教育就如同没有灵魂一般。科研工作对于大学英语教师来说,无疑是在拓展自身的专业知识、丰富自己的学科结构、提升自身的教学能力和水平。教师开展科研工作,可以让自己更加主动、自觉地思考教学中存在的问题,从而获取新知识,寻求解决问题的方式和方法。

作为大学英语教师,需要认识到科研的作用,不断提升自身的科研能力和水平,具体来说,主要培养如下五种能力:第一,获得信息的技能;第二,广泛地思考的能力;第三,勇敢地攻克难关的能力;第四,勇于创新的能力;第五,将成果转化的能力。

(三)提高自己的英语教学能力

学校的学习不是将知识从一个脑袋进入另外一个脑袋,而是教师与学生之间每时每刻都在进行心灵的接触。教育属于一门艺术,课堂教学是教师彰显魅力的体现,其中最为关键的魅力就是上好一堂课。大学英语教师要想让自己的课堂更有魅力,应该从师生之间的交流展开。如果英语课堂中没有交流,那就称不上真正的课堂教学。大学英语教师要想让自己的课堂更有魅力,应该多与学生之间展开对话与共享,一起发现问题、解决问题。当然,英语课堂也必须是真实有效的,拒绝花架子的课堂,其中需要融入基础知识的讲解、思维的拓展、真实的教学活动,能够用最短的时间将知识传授给学生,让学生学到好的知识与技能。具体来说,教师的英语教学能力主要展现为如下几点。

1. 个性化的教学设计

大学英语课堂教学的能力首先体现在对英语教学的设计上。所谓教学设计能力,即教师在开展英语教学之前,从英语教学目的出发,设定英语教学程序,制订英语教学方法,选择恰当的英语教学内容。当前,很多教材都包含现成的教学课件,因此很多教师并未付出辛苦在教学设计上,而往往拿现成的课件展开教学。但是,真正的教学设计要求教师能够吃透所要教授的内容。对学生的学习状态有清楚的了解,从而确定教学目标,选择恰当的方法,设计出独特的教学思路。教师进行教学设计的过程,实际上就是创造的过程,但是在进行教学设计时,要求灵活、简洁,并且真正做到以学生为中心,并且在设计时也要体现出预见性。

2. 整合性的教学能力

所谓整合性教学,即要求在教学中将学科的各个环节与要素、不同方法有机地整合在一起,使教学更具有程序性。整合性教学要求教师拥有良好的知识结构,具有程序化的教学技能与丰富的教学策略,能够付出较少的努力就可以完成各项教学任务,帮助学生实现英语学习。

大学英语课堂教学的首要任务就是激发起学生英语学习的兴趣,吸引学生的注意力。现在的大学英语课堂中存在很多低头族,并且已经成为大学中的一道"风景":不管讲台上教师讲得多么用心、用力,下面的部分学生在玩手机、刷微博、看朋友圈等,他们可能忘记带教材,但是也不会忘记带手机和充电宝。面对这样的大学英语课堂,教师需要对其进行有效的组织。

另外,在语言上,教师应该确保表达的准确性与针对性,做到突出重点、清晰精炼。教学技能也要不断提升和创新,要时时改变授课手段,延伸教学模式,创新考核手段。

(四)修炼自己的形象魅力

近些年,不断出现"最美教师",这说明进入新时代,大家对任何职业都有了较高的要求。在新时代,教师应该具有朝气,这主要体现在教师也应该努力追求美,外在美、仪表美也是能够吸引学生的一大关键。外形仪表体现的是一名教师的气质、素养以及审美观,也能表露出美好的心灵。教师清丽脱俗的气质、优雅的风采、巧妙的语言、豁达的性格等,往往能够吸引学生的注意力,陶冶学生的思想情操。

第六章　建构主义视角下大学英语混合式教学改革的有效策略

二、培养信息化教学能力

关于大学英语教师的信息化教学能力的培养,这方面的策略有很多,为了便于理解和操作,可以将这些培养策略大致分为三个方面:一个是促进英语教学信息化教学能力发展的外部环境条件——宏观策略,一个是促进其发展的方法论——中观策略,还有一个是促进其发展的内部系统和直接条件——微观策略。每一个策略又包含了很多具体的内容。

（一）宏观策略

大学英语教师信息化教学能力培养的宏观策略,主要包含社会发展的需求、国家政策的保障、教育改革的引导、学校组织的支持以及教师成长的动力这几个方面内容(图6-4)。外部环境的建设是英语教师信息化教学能力培养发展的重要基础。

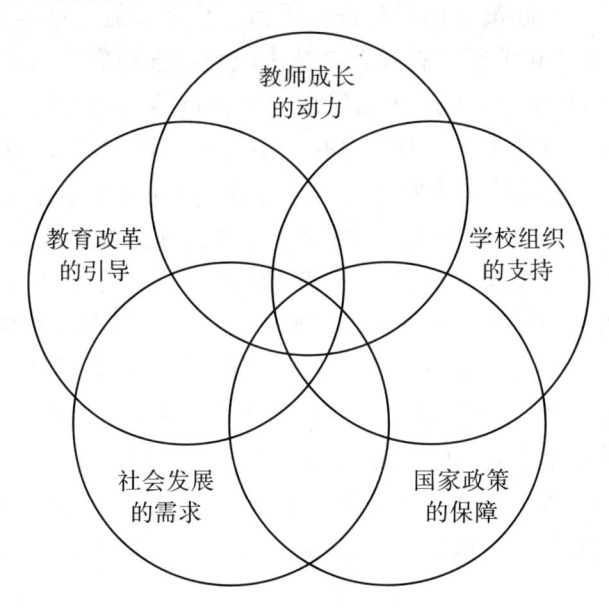

图6-4　英语教师信息化教学能力培养的宏观策略

1. 社会发展的需求

信息化社会的一个显著特点就是信息量激增,知识更新周期缩短。对于英语教学来说,教育的信息化已经渗透其中,因此作为教育实施者的英语教师信息化教学能力的培养至关重要。信息化社会对信息化人才的培养要求是要具有创新精神和实践能力,因此从大学英语教师自身的角度来说,自身的信息化发展就显得尤为重要了。可以说,英语教师信息化教学能力的培养,不仅是信息时代对英语教师的能力要求,同时也是信息技术深入渗透教育的发展需要。关于大学英语教师在信息化社会中需要培养的教学能力,可以大致分为三个方面:一个是信息化学科知识,一个是信息化教学法知识,还有一个是信息化学科教学法知识。

2. 国家政策的保障

关于国家在政策方面对英语教师信息化教学能力培养策略的支持与保障,主要从相关通用教师教育技术能力标准的颁布与实施、教师相关信息技术能力的国家层面的培训项目支持等方面得到体现。例如,2012年教育部颁布的《教育信息化十年发展规划(2011—2020年)》中也明确指出"要推进信息技术与教学融合,促进教师专业化发展,制定和完善教师教育技术能力标准,实施对学科教师的教育技术能力培训"。从国家政策保障的层面来说,英语教师信息化教学能力的培养和发展,要重视英语教师教育技术能力中教师信息化教学能力相关的明确要求,根据实际情况来对教师相关能力标准的规范进行适当调整,同时也不能忽视了教师相关能力的培训、考核与认证等方面的工作内容。经费投入方面也是需要重点关注的方面,由此来保证英语教学信息化教学能力发展的基础和条件。这样才能从政策和资金等方面有效保证英语教师信息化教学能力的培养和发展,使其多层面和终身化的实现得到保障。

3. 教育改革的引导

教育教学的改革成为现代社会促进教育教学发展的一个重要路径。

第六章　建构主义视角下大学英语混合式教学改革的有效策略

应该说,教育教学改革在课程体系、实践教学、教学方法策略等方面,已经有了很大的改革与引导。英语教师教育改革往往跟不上基础教育课程改革的步伐。这在英语教师相关信息技术能力的培养和发展过程中也有着突出的表现。因此,英语教师信息技术能力的相关培养和发展,不能仅仅局限于教师信息化教学能力的提升,也要涉及其能力标准、相关教学评价以及相关科学研究等各个方面。

4. 学校组织的支持

学校是教师教育教学活动的场所,教师教学能力的发挥也需要在这样的平台上实现。对于大学英语教师信息化教学能力的培养与发展来说,这一目标是需要在一定的支持条件下才能实现的,而重要的条件之一就是学校组织的支持。具体来说,这一支持包含着丰富的内容,如学校政策的支持、资源的准备、培训的参与、教学的交流等。

5. 教师成长的动力

大学英语教师的信息化教学能力培养和发展要具备重要的条件,这一条件主要是指外部因素,而起到关键性作用的是内因,换言之,大学英语教师自身必须具备培养和发展的最终内驱力,才有可能实现信息化教学能力培养和发展的目标。一般来说,大学英语教师信息化教学能力培养和发展的内因主要包括英语教师自身的自信心、正确的态度、时间保证、知识的准备等。同时,信息化社会大学英语教师的专业成长需要,也对大学英语教师信息化教学能力的培养和发展起到了积极的促进作用。

(二)中观策略

大学英语教师的信息化教学能力培养与发展,在方式、方法和策略方面也有一定的需求,也就是要有促进其发展的方法论,即教师信息化教学能力发展促进策略的中观层面。在这一层面中,促进英语教师信息化教学能力培养与发展的关键环节是职前培养、教学实践、在职培训、协作交流、自主学习。关于大学英语教师信息化教学能力培养与发展的中观策略,主要有以下几个方面。

1. 职前培训与在职培训相结合

教师信息化教学能力发展是一个系统的过程,并且整个发展过程实现了动态、开放、多元、协作、终身能力发展的转变。职前培养与在职培训在大学英语教师信息化教学能力培养和发展的过程中是处于非常重要的环节,二者之间有着紧密联系。其中,职前培训所涉及的主要是大学英语教师的技术知识、技能的学习和模仿,虽然也有一些教学实践环节,但总体上要以大学英语教师信息化教学知识和技能的获得为主;在职培训所涉及的内容主要为知识、技能在新情境中的动态应用实践,当然也包括一些技术知识、技能的学习。

2. 传统方式与网络在线相结合

在现代信息化社会中,尽管获取学习信息资源的渠道已经多元化,并且对大学英语教师信息化教学能力发展的网络在线途径的重视程度比较高,但是,这并不是唯一,传统的方式也不能完全被忽视,也要适当采用,从而保证其知识获取、教学经验分享、教学研讨、协作教学等的顺利实施,实现与传统方式的有机结合。

3. 技术知识与实践应用相结合

大学英语教师信息化教学能力的获取,是由处于基础性地位的大学英语教学技术知识,经过教育教学实践,而转化成的教学应用能力,因此也可以将大学英语教学的信息化教学能力理解为大学英语教师技术知识与实践应用相结合的结果。这两个方面,缺少了任何一方,大学英语教师的信息化教学能力都不可能实现,因此将二者有机结合起来是非常有必要的。

4. 自主学习与协作交流相结合

在信息化社会,大学英语教师不仅要有自主学习的意识,还要有自

第六章 建构主义视角下大学英语混合式教学改革的有效策略

主学习的能力,这样才能与社会发展变化和教师专业成长的需要相适应。大学英语教师信息化教学能力发展所具有的开放性、动态性、终身性特征,都离不开大学英语教师的自主学习能力。信息化社会的大学英语教师同样也需要具备协作交流的素质,这主要包括两个方面的内容:一个是教师同行间的教学交流、教学观摩、教学研讨等,一个是教师与学生、教师与专家的交流对话。大学英语教师的信息化协作教学,能有效共享集体的知识、经验与智慧,形成教师信息化教学的共同体。

(三)微观策略

大学英语教师信息化教学能力培养与发展的微观层面的促进策略,大致可以分为三个方面。

1. 以自主学习为主的知识积累

对于大学英语教师的信息化教学能力的培养和发展来说,教师的自主学习是非常重要的基础条件和动力源泉,同时也是英语教师专业发展的内驱力。通过自主学习,能使英语教师实现技术知识积累,促进教学,促进学生的发展。这在英语教师的职前培训和在职培训中都有所涉及。某种程度上,通过自主学习,能够使英语教师在信息化教学能力不同发展阶段获得的离散知识更具系统化,使得信息化社会中教师的专业发展更具动态化、可持续、终身化。

2. 以教学实践为主的应用迁移

关于大学英语教师信息化教学实践的形式,可以将其理解为英语教师教学技术知识、技能在具体情境中迁移应用的体现,是一种"理论化的实践"。因此,大学英语教师要以教学实践为主,在不同的信息化教学情境中,实现信息化教学融合与信息化教学交往,在实践中反思,在反思中成长,最终实现英语教师信息化教学智慧的生成与创造。

3. 以协作教学为主的对话交流

大学英语教师的信息化教学能力包含的子能力有很多,其中之一就是信息化协作教学能力。教学观摩、教学研讨、协作交流、协作科研等都属于大学英语教师的协作化教学能力的范畴。某种意义上,大学英语教师在信息化社会中以协作教学为主的对话交流策略,是对现代社会的一种体现,具有显著的时代性特点。

本章主要研究了建构主义视角下大学英语混合式教学改革的有效策略。大学英语随着互联网新业态的高速发展及全球化进程的加快,其地位愈发突出和重要。社会发展对大学英语教学模式改革产生了积极影响,在建构主义视角下,推动大学英语混合式教学模式发展,需要转变课堂形态,创建智慧课堂;搭建数字化教学平台、转变大学英语学习方式、革新教师教学的观念;提高教师综合能力,以提高学生兴趣,增加其学习主动性,从而提升大学英语教学质量,为社会提供新时代的、国际化的英语应用型人才。

参考文献

书籍：

[1] 爱德华·泰勒. 原始文化 [M]. 连树声译. 桂林：广西师范大学出版社，2005.

[2] 陈细竹. 网络时代英语自主学习与教学研究 [M]. 北京：北京日报出版社，2019.

[3] 成畅. 大学英语教学与课程建设新探索 [M]. 长春：吉林人民出版社，2021.

[4] 崔刚，罗立胜. 英语教学理论与实践 [M]. 北京：对外经济贸易大学出版社，2006.

[5] 崔刚，罗立胜. 英语教学理论与实践 [M]. 北京：对外经济贸易大学出版社，2006.

[6] 段茂超. 大学英语教学创新与实践研究 [M]. 长春：吉林出版集团股份有限公司，2021.

[7] 侯志荣. 信息化时代大学英语混合式教学研究 [M]. 长春：吉林人民出版社，2021.

[8] 黄雪松. 大学英语混合式智慧教育研究与实践 [M]. 长春：吉林出版集团股份有限公司，2022.

[9] 姜涛. 大学英语写作教学理论与实践 [M]. 长春：吉林出版集团有限责任公司，2009.

[10] 蒋玉龙. 复旦大学"以学为中心"的混合式教学案例集 [M]. 上海：复旦大学出版社，2020.

[11] 丽娜. 大数据驱动下的大学英语教学革新与探索 [M]. 长春：吉林人民出版社有限责任公司，2021.

[12] 刘俊杰.新媒体与大学英语教学的融合及应用探究[M].北京：北京工业大学出版社,2019.

[13] 罗少茜.英语课堂教学形成性评估研究[M].北京：外语教学与研究出版社,2003.

[14] 上海交通大学慕课研究室.混合式教学设计优秀案例[M].上海：上海交通大学出版社,2021.

[15] 孙博."互联网+教育"视阈下大学英语教学的路径选择与构建[M].长春：吉林科学技术出版社,2020.

[16] 孙致礼.新编英汉翻译教程[M].上海：上海外语教育出版社,2003.

[17] 王坦.合作学习的理念与实施[M].北京：中国人事出版社,2002.

[18] 王志敏.外语学习动机激发策略的理论与实证研究[M].北京：光明日报出版社,2014.

[19] 魏微.大学英语教学基础理论与实践研究[M].长春：吉林人民出版社,2020.

[20] 吴娟娟.大学英语混合式教学研究[M].北京：北京工业大学出版社,2019.

[21] 严明.高校自主学习能力培养模式研究：体验的视角[M].哈尔滨：黑龙江大学出版社,2009.

[22] 严明.跨文化交际理论研究[M].哈尔滨：黑龙江大学出版社,2009.

[23] 杨岸青,李淑琼作.英语语言文学与学科教学研究[M].北京：知识产权出版社有限责任公司,2021.

[24] 杨金豹."一带一路"背景下的混合式教学与大学英语教学改革[M].沈阳：辽宁大学出版社,2018.

[25] 杨淑玲,李卉琼,高绪华.英语教学研究[M].天津：天津科学技术出版社,2020.

[26] 于明波.当代高校英语教学与混合式学习模式探究[M].北京：中国纺织出版社,2019.

[27] 张芳芳.基于建构主义的大学英语混合式教学研究[M].北京：九州出版社,2022.

[28] 张慧丽.大学英语混合式教学评价体系研究[M].哈尔滨：哈

尔滨出版社,2021.

[29] 张娇媛.高校英语混合式教学与信息技术应用[M].天津:天津科学技术出版社,2019.

[30] 张乐平."互联网+"时代背景下大学英语教学改革与发展研究[M].长春:吉林大学出版社,2019.

[31] 张鑫,张波,胡小燕.跨文化交际视阈下大学英语教学理论构建与创新路径[M].长春:吉林大学出版社,2020.

[32] 张学明,卞月芳,张娟娟.新时代大学英语课程"线上线下"混合式教学模式研究[M].天津:天津科学技术出版社,2019.

[33] 赵常花.媒体融合视角下的大学英语教学理论与实践研究[M].北京:企业管理出版社,2020.

[34] 赵长林,王桂清,李友雨.大学课程与教学研究[M].北京:北京理工大学出版社,2020.

[35] 郑丹,张春利,刘新莲.当代大学英语教学体系建构与实践研究[M].北京:中国纺织出版社,2019.

[36] 钟玉琴.大学英语混合式教学探究[M].北京:电子工业出版社,2017.

[36] 束定芳,庄智象.现代外语教学:理论,实践与方法[M].上海:上海外语教育出版社,1996.

期刊:

[1] 陈忱.新建构主义视角下基于英语类APP的混合式教学模式研究[J].哈尔滨学院学报,2021,42(07):106-109.

[2] 陈晨."产出导向"理论指导下的大学英语混合式教学设计研究[J].湖北开放职业学院学报,2020,33(02):183-185.

[3] 陈茹,王晓静.国内大学英语混合式教学研究知识图谱计量分析——以CNKI 2011—2021期刊文献为例[J].现代信息科技,2021,5(19):133-135+140.

[4] 陈焱.基于U校园的大学英语混合式教学研究及其对培养学生多元读写能力的影响[J].校园英语,2022(11):3-5.

[5] 程兰."线上+线下"混合式大学英语语法教学探索与实践——基于建构主义理论的教学探索[J].黑龙江生态工程职业学院学报,

2021,34（03）：158-160.

[6] 程妍.基于优学院学习平台的混合式教学模式在高职大学英语教学中的应用与效果[J].开封教育学院学报,2019,39（04）：122-123.

[7] 高国凤.建构主义理论下应用型本科院校商务英语混合式教学研究[J].齐齐哈尔师范高等专科学校学报,2022（05）：150-152.

[8] 高霞.论信息化时代的青少年信息伦理教育[D].山东师范大学,2009.

[9] 顾荣浩,岳瑜.基于SPOC的大学英语混合式教学有效性实证研究[J].山西青年,2021（04）：20-21.

[10] 韩士媛.新时代大学英语混合式教学模式研究[J].现代交际,2019（21）：203+202.

[11] 黄义娟.浅谈大学英语听说混合式教学模式中的监控体系[J].校园英语,2014（35）：45-46.

[12] 黄中军.建构主义框架下成人高校大学英语混合式教学[J].北京宣武红旗业余大学学报,2019（02）：62-67.

[13] 李胜兹.试论文化的性质与特征[J].德州师专学报,1998(03)：32-33.

[14] 李焱焱等.产学研合作模式分类及其选择思路[J].科技进步与对策,2004（10）：98-99.

[15] 李壮桂."互联网+"背景下的大学英语混合式教学设计[J].现代职业教育,2021（14）：36-37.

[16] 梁为.基于虚拟环境的体验式网络学习空间设计与实现[J].中国电化教育,2014（03）：82.

[17] 刘梦雪.通过自我评估训练促进自主式英语学习的实证研究[J].疯狂英语(教师版),2009,（04）：54-57.

[18] 罗元梅.基于"产出导向法"的大学英语听说课混合式教学效果研究[J].校园英语,2021（13）：1-5.

[19] 吕华.现代教育技术应用研究——以大学英语混合式教学为例[J].电脑知识与技术,2020,16（24）：175-176.

[20] 马琳.大学英语混合式教学探究新常态——基于支架理论的莱姆顿学院混合式教学实例[J].文化创新比较研究,2021,5（23）：138-141.

[21] 欧咏华.认知分层理论视角下基于SPOC的大学英语混合式教学研究[J].课程教育研究,2020（19）：104-105.

[22] 屈亚东."互联网＋教育"背景下克拉申输入假说理论在大学英语教学中的应用研究[J].校园英语,2021（11）:27-28.

[23] 冉芳.大学英语混合式教学探索性实践研究——以《新目标大学英语综合教程2（第一版）》为例[J].科教文汇(上旬刊),2020（03）:175-176.

[24] 沈化.网络环境下高职艺术类大学英语教学改革研究——以广东职业技术学院为例[J].疯狂英语(教师版),2015（01）:98-101.

[25] 孙慧.基于雨课堂的大学英语混合式教学探究与实践[J].英语教师,2019,19（19）:22-24+30.

[26] 孙智琳.教育生态视角下大学英语混合式教学研究[J].甘肃教育研究,2022（04）:42-44+55.

[27] 涂敏.基于建构主义理论下的大学英语混合式教学研究[J].考试与评价(大学英语教研版),2018（06）:58-61.

[28] 万力勇,黄志芳,黄焕.大数据驱动的精准教学：操作框架与实施路径[J].现代教育技术,2019,29（01）:31-37.

[29] 王蓓.独立学院大学英语混合式教学中网络自主学习模式研究[J].现代商贸工业,2020,41（21）:188-189.

[30] 王峻.教育信息化背景下大学英语混合式教学改革的探索[J].现代职业教育,2021（22）:164-165.

[31] 王文臣.建构主义视角下"大学英语"混合式教学模式探索研究[J].科技视界,2020（33）:49-50.

[32] 王章豹,祝义才.产学合作：模式、走势、问题与对策[J].科技进步与对策,2000（09）:115-117.

[33] 王臻.基于Blending Learning的大学英语教学模式建构[J].海外英语,2014（22）:99-100+110.

[34] 王竹."互联网＋"环境下大学英语混合式教学模式研究[J].当代教育实践与教学研究,2020（04）:3-4.

[35] 魏万里.MOOC环境下大学英语混合式教学模式改革与实践[J].英语广场,2020（21）:48-50.

[36] 谢大滔.体验式教学在高校自主学习学习中的应用[J].教育探索,2012（09）:70.

[37] 杨楠.基于建构主义理论的"线上＋线下"混合英语教学法探索[J].英语广场,2022（03）:110-112.

[38] 于欣宏. 智能手机 App 移动学习平台在大学英语混合式教学中的应用 [J]. 黑龙江教师发展学院学报, 2020, 39（04）: 139-141.

[39] 张金宏. 基于在线开放课程的大学英语混合式教学的实现路径研究 [J]. 校园英语, 2017（27）: 72-73.

[40] 张梅. 建构主义视域下基于"U校园"的大学英语混合式教学模式研究 [J]. 教育现代化, 2020, 7（30）: 55-57.

[41] 赵丽华. 基于教育生态学的混合式教学模式研究——以大学英语为例 [J]. 海外英语, 2022（11）: 148-149.

学位论文

[1] 梁培根. 信息技术与高校课程有效整合的策略研究 [D]. 苏州大学, 2011.

[2] 王文悦. 信息化时代语文阅读教学的发展趋势探讨 [D]. 华东师范大学, 2002.

[3] 徐译瑛. 建构主义理论视阈下的"站点轮换"混合式学习在大学英语教学中的应用研究 [D]. 吉林大学, 2019.

[4] 赵兰. 教育信息化时代大学生学习文化转型路径研究 [D]. 山东师范大学, 2015.

英文参考:

[1]Dale Edgar. Audio-Visual Methods in Teaching[M].New York：The Dryden Press, 1954.

[2]Lado, R. How to compare two cultures[A]. J.Valdes..Culture bound：Bridging the cultural gap in language teaching. Cambridge：Cambridge University Press, 1986.

[3]Slavin, R. E. Cooperative learning[J]. Review of Educational Research, 1980（50）: 315-342.

[4] Brown, H. D. Principles of Language Learning and Teaching[M]. Beijing：Foreign Language Teaching and Research Press, 2002.

[5] Carrell, P and David, E. Interactive Approaches to Second

Language Reading[M]. London: Cambridge University Press, 1988.

[6] Ellis, R. Understanding Second Language Acquisition[M]. New York: Oxford University Press, 1985.

[7] Goodman, K. Reading: A Psycholinguistic Guessing Game. In H. Singer and R. B. Ruddel., eds. Theoretical Models and Processes of Reading [C]. Newark: International Reading Association, 1967.

[8] Gough, P. B. One Second of Reading. In J. F. Kavanagh and I. G. Mattingly., eds. Language by Ear and by Eye[C]. Cambridge: MIT Press, 1972.

[9] Harmer, J. How to Teach English[M]. Harlow: Addison Wesley Longman Limited, 1998.

[10] Holec, H. Autonomy in Foreign Language Learning[M]. Oxford: Pergamon, 1981.

[11] Jonathan, B and Aaron, S. Flip Your Classroom: Reach Every Student in Every Class Every Day[M]. USA: International Society for Technology in Education, 2012.

[12] Lage, M., Platt, L. & Treglia, M. Inverting the Classroom: A Gateway to Creating an Inclusive Learning Environment[J]. Journal of Economic Education, 2000 (03): 45-52.

[13] Rumelhart, D. E. Toward an Interactive Model of Reading[A]. Attention and Performance IV[C]. In S. Dornic., eds. Hillsdale: Lawrence Erlbaum, 1977.

[14] Rumelhart, D. E. Schemata: The Building Blocks of Cognition[A]. Theoretical Issues in Reading Comprehension[C]. In R. J. Spiro, et al., eds. Hillsdale: Lawrence Erlbaum, 1980.

[15] Thomas S. C. Farrell. Planning Lessons for a Reading Class[M]. Beijing: People's Education Process, 2007.

[16] Brown H. D. Principles of Language Learning and Teaching[M]. New York: Longman, 2000.

[17] Krashen S. D. & Terrel T. D. The Natural Approach—Language Acquisition in the Classroom[M]. New York: Pergamon Press Ltd, 1983.